これからの病院経営を担う人材
医療経営士テキスト

第3版

# 日本の医療関連サービス

病院を取り巻く医療産業の状況

初級

井上貴裕 編著

6

日本医療企画

# はじめに

　かつてのように診療報酬が右肩上がりに上昇していた時代には、その枠組みに沿って真面目に医療提供を行っていれば病院経営は盤石なものであった。しかしながら、右肩上がりの時代はすでに過去のことであり、今日の医療機関は、不確実な環境変化に直面している。未来がみえない時代は、将来の不安が募ることも多いが、大切なことは視野狭窄に陥ることのない、未来を見据えたより広い視点から戦略的な経営を展開することである。

　戦略的な経営を推進するためには、自院がどうなりたいか、またどうなるべきなのかを出発点として、現状とのギャップを埋める「ゴールからの発想」が求められる。しかし、病院経営においては、戦略よりも短期的に効果が表れやすい診療報酬改定への対応や医薬品材料費の削減などの効率性改善にばかり目がいきがちである。もちろん、これらへの対応が不要なわけではない。しかしながら、未来が闇の中に包まれている今日だからこそ、未来を見据えた仮説を構築し、それを適宜修正しながら一歩一歩着実に歩んでいく戦略的経営が有効である。ただし、戦略は絵に描いた餅に終わってしまうことも少なくない。実行力を高めるためには、優れた航海図である戦略を描くことはもちろんであるが、その実行力を高める人材を育成することも必要と考えられる。これからの病院経営には、戦略を策定し、実行できる人材が求められる。

　戦略を策定する際には、目先のことばかりに目を向けてはいけない。より広い視点からの洞察が欠かせない。また、実行力のある戦略は医療機関の視点だけでは策定できない。つまり、医療機関にとっての大切なパートナーである医療関連産業に対する深い理解が必要となる。

　本書では、医療関連産業の動向と展望について、各分野で活躍するプロフェッショナルがそれぞれの立場から論じており、このような内容が1冊に凝縮されている類書は存在しない。その点で、これまでにない斬新な企画であると考えている。

　初学者には、わからない用語が多数存在するかもしれないが、少しずつ読み進めることにより、医療関連産業の全般について理解を深めることができるように構成されている。細かい点を1つひとつ覚えるというよりも、まずは医療機関と医療関連産業がどのようにかかわっているかについて大きな視点でとらえてほしい。

　また、本書は病院経営の実務において何か課題が生じたときに、辞書的な活用ができるように編集されている。壁にぶつかったときには、何かのヒントになるかもしれない。常に身近において、何度も読み返してほしい。

　未来の戦略的な病院経営を主導するためには、まだまだ越えなければいけないハードル

があるかもしれない。しかし、本書を手にしたあなたは、着実にその道を歩んでいる。患者が安心して命を預けられるすばらしい病院づくりに、大いなる貢献をするときが、きっとくるだろう。

　本書の読者の一人でも多くが、輝かしい人材として明日の医療経営を担える人材になることを心の底から願っている。

井上　貴裕

# 目次 contents

はじめに ……………………………………………………………………… ii

## 第1章 巨大化する医療関連産業 …………… 1

1 病院を取り巻く環境変化 ……………………………………… 2
2 戦略実行のための院内体制 …………………………………… 5
3 医療関連産業の範囲と位置づけ …………………………… 14

## 第2章 さまざまな医療関連産業の動向と展望 … 17

1 製薬（医薬品） ………………………………………………… 18
2 医療機器 ………………………………………………………… 23
3 医薬品卸とSPD ………………………………………………… 36
4 共同購入 ………………………………………………………… 39
5 病院情報システム ……………………………………………… 44
6 病院建築 ………………………………………………………… 54
7 患者給食 ………………………………………………………… 76
8 金　融 …………………………………………………………… 83
9 保険薬局 ………………………………………………………… 86
10 健診事業 ………………………………………………………… 99

iv

## 第3章 医療関連産業とのかかわり方 …… 117

1. 外部委託と内部提供 …………………………………………… 118
2. 取引業者の選定基準 …………………………………………… 120
3. 医療関連産業とのかかわり方 ………………………………… 123

索 引 ……………………………………………………………… 127

# 第1章
## 巨大化する医療関連産業

1. 病院を取り巻く環境変化
2. 戦略実行のための院内体制
3. 医療関連産業の範囲と位置づけ

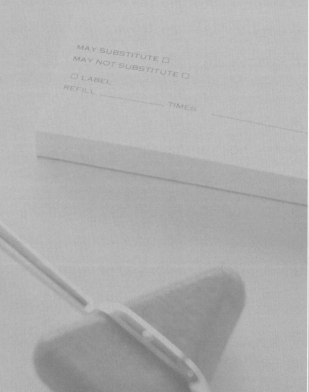

第1章 巨大化する医療関連産業

# 病院を取り巻く環境変化

## 1 医療政策の変遷

　戦後間もない1948（昭和23）年に、いわば"医療の憲法"ともいえる医療法が制定された。それからの約40年間は、医療提供体制の拡充が重要な政策課題に掲げられていた。経済の成長とともに社会は発展し、医療提供の整備も進んでいった。しかし、次第に国民医療費が増大し、医療費抑制の必要性が叫ばれるようになった（図1-1）。

　1985（昭和60）年に行われた第一次医療法改正により地域医療計画による病床規制が設けられ、増加する医療費に歯止めをかけることが期待された。しかし、病床規制が施行される前に「駆け込み増床」を行う医療機関も出てきたことなどにより、病床規制だけで医療

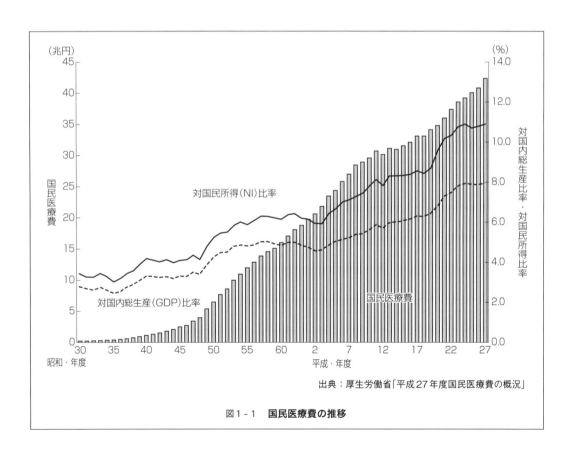

出典：厚生労働省「平成27年度国民医療費の概況」

図1-1　国民医療費の推移

費抑制を実現することはできなかった。

その後は、医療機関の機能分化が医療政策の支柱に掲げられ、医療機関の役割分担を前提とした効率的な医療提供体制の整備が進められるようになった。

## 2 医療政策が病院の収支構造に与える影響

機能分化政策によって、長期の入院患者は療養病床や在宅などで医療を受けることになり、一般病院の平均在院日数は2000（平成12）年を境に大きく減少している（図1-2）。平均在院日数の減少は病床利用率の低下につながり、設備投資が多く固定費の占める割合が大きい収益構造である病院の経営は危機に瀕している。

特に急性期病院の業績が悪化傾向にある。表1-1は、病院機能別に収支状況（損益差額）をみたものであり、特定機能病院では大幅なマイナスであり、DPC対象病院も悪化傾向に歯止めがかからない。一方で療養病棟入院基本料1を届け出る病院ではプラスとなっている。これは急性期、特に高度急性期は赤字になるということを意味する。2014（平成26）年度に消費税の増税があり、医薬品や診療材料を多く使用する急性期病院ではその負担が大きいことも関係している。

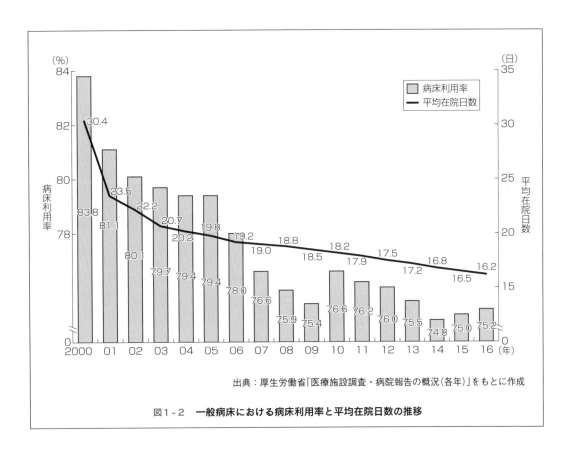

出典：厚生労働省「医療施設調査・病院報告の概況（各年）」をもとに作成

図1-2　一般病床における病床利用率と平均在院日数の推移

表1-1　病院機能別収支状況

●特定機能病院

|  | 平成25年度 | 平成26年度 | 平成27年度 | 平成28年度 |
|---|---|---|---|---|
| 給与費（対収益） | 44.8% | 45.5% | 42.7% | 42.7% |
| 医薬品費（対収益） | 22.2% | 23.0% | 24.4% | 24.4% |
| 材料費（対収益） | 14.1% | 14.4% | 14.1% | 14.1% |
| 委託費（対収益） | 6.8% | 7.0% | 7.0% | 7.0% |
| 減価償却費（対収益） | 8.8% | 9.0% | 8.5% | 8.3% |
| その他 | 9.6% | 9.7% | 9.6% | 9.2% |
| 損益差額（対収益） | －6.4% | －8.5% | －6.2% | －5.8% |
| 100床当たり医業収益（千円） | 3,089,205 | 3,161,959 | 3,337,040 | 3,416,853 |

●DPC対象病院

|  | 平成25年度 | 平成26年度 | 平成27年度 | 平成28年度 |
|---|---|---|---|---|
| 給与費（対収益） | 52.2% | 53.2% | 53.3% | 54.2% |
| 医薬品費（対収益） | 15.0% | 14.9% | 15.3% | 14.9% |
| 材料費（対収益） | 11.2% | 11.4% | 11.1% | 11.2% |
| 委託費（対収益） | 6.5% | 6.6% | 6.7% | 6.7% |
| 減価償却費（対収益） | 6.3% | 6.6% | 6.7% | 6.6% |
| その他 | 10.4% | 10.6% | 10.8% | 10.7% |
| 損益差額（対収益） | －1.6% | －3.3% | －3.9% | －4.4% |
| 100床当たり医業収益（千円） | 2,340,483 | 2,376,503 | 2,330,695 | 2,342,019 |

●療養病棟入院基本料1

|  | 平成25年度 | 平成26年度 | 平成27年度 | 平成28年度 |
|---|---|---|---|---|
| 給与費（対収益） | 59.7% | 60.0% | 58.2% | 58.9% |
| 医薬品費（対収益） | 8.2% | 7.9% | 8.7% | 8.4% |
| 材料費（対収益） | 5.7% | 5.7% | 6.8% | 6.7% |
| 委託費（対収益） | 5.8% | 5.8% | 5.5% | 5.5% |
| 減価償却費（対収益） | 4.4% | 4.5% | 4.5% | 4.4% |
| その他 | 13.8% | 13.8% | 13.7% | 13.7% |
| 損益差額（対収益） | 2.4% | 2.3% | 2.6% | 2.4% |
| 100床当たり医業収益（千円） | 1,027,172 | 1,049,103 | 1,153,779 | 1,157,058 |

出典：厚生労働省「医療経済実態調査（各年）」をもとに作成

病院を取り巻く環境変化 ❶／戦略実行のための院内体制 ❷

# 戦略実行のための院内体制

## 1　外部委託する理由

　病院にとって、厳しい経営状況を打開する１つの有効な施策として、医療関連企業への外部委託による業務の効率化が挙げられる。外部受託業者は多数の医療機関に対してサービスを提供することから、低コストで一定の質を備えた業務を推進することが期待される。低コストが実現できるのは、規模の経済性が発揮できるからである。

　図１-３に示すように、一般的に累積生産量が２倍になると、単位当たりのコストは20～30％低減するという経験曲線[*1]効果が働くといわれている。これが実現可能なものだとすると、外部受託業者は単一の病院よりもはるかに低コストでサービス提供が可能だということがわかる。

　また、外部受託業者は多数の病院での実績を有するため、他の病院の事情などにも精通していることも多く、一定の質を期待できる。そこで多くの医療機関では、効率化を推進するために、医療関連企業へ外部委託することになる（図１-４）。

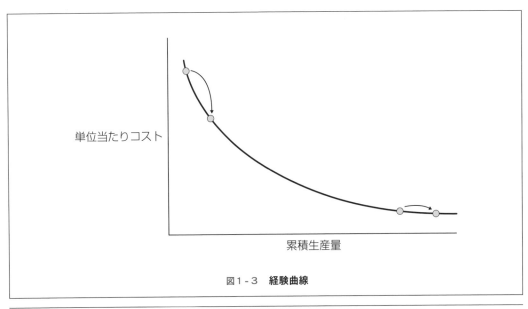

図１-３　経験曲線

---

＊１　経験曲線：累積生産量が増加することで、企業努力により効率化でき、固定費・変動費が低減すること。

医療経営士●初級テキスト６ | 5

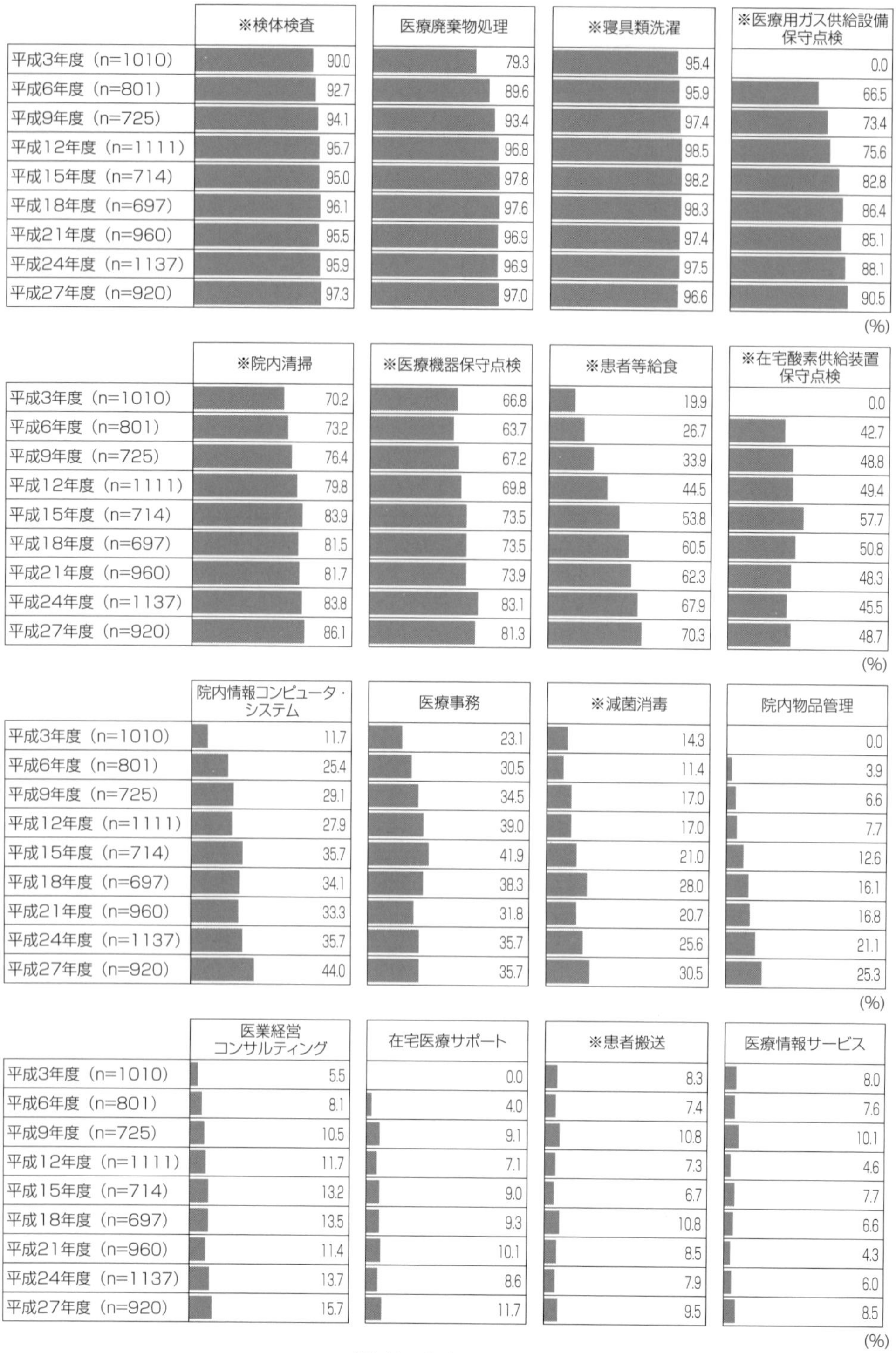

# 第1章 巨大化する医療関連産業

| | ※検体検査 | 医療廃棄物処理 | ※寝具類洗濯 | ※医療用ガス供給設備保守点検 |
|---|---|---|---|---|
| 平成3年度（n=1010） | 90.0 | 79.3 | 95.4 | 0.0 |
| 平成6年度（n=801） | 92.7 | 89.6 | 95.9 | 66.5 |
| 平成9年度（n=725） | 94.1 | 93.4 | 97.4 | 73.4 |
| 平成12年度（n=1111） | 95.7 | 96.8 | 98.5 | 75.6 |
| 平成15年度（n=714） | 95.0 | 97.8 | 98.2 | 82.8 |
| 平成18年度（n=697） | 96.1 | 97.6 | 98.3 | 86.4 |
| 平成21年度（n=960） | 95.5 | 96.9 | 97.4 | 85.1 |
| 平成24年度（n=1137） | 95.9 | 96.9 | 97.5 | 88.1 |
| 平成27年度（n=920） | 97.3 | 97.0 | 96.6 | 90.5 |

（%）

| | ※院内清掃 | ※医療機器保守点検 | ※患者等給食 | ※在宅酸素供給装置保守点検 |
|---|---|---|---|---|
| 平成3年度（n=1010） | 70.2 | 66.8 | 19.9 | 0.0 |
| 平成6年度（n=801） | 73.2 | 63.7 | 26.7 | 42.7 |
| 平成9年度（n=725） | 76.4 | 67.2 | 33.9 | 48.8 |
| 平成12年度（n=1111） | 79.8 | 69.8 | 44.5 | 49.4 |
| 平成15年度（n=714） | 83.9 | 73.5 | 53.8 | 57.7 |
| 平成18年度（n=697） | 81.5 | 73.5 | 60.5 | 50.8 |
| 平成21年度（n=960） | 81.7 | 73.9 | 62.3 | 48.3 |
| 平成24年度（n=1137） | 83.8 | 83.1 | 67.9 | 45.5 |
| 平成27年度（n=920） | 86.1 | 81.3 | 70.3 | 48.7 |

（%）

| | 院内情報コンピュータ・システム | 医療事務 | ※滅菌消毒 | 院内物品管理 |
|---|---|---|---|---|
| 平成3年度（n=1010） | 11.7 | 23.1 | 14.3 | 0.0 |
| 平成6年度（n=801） | 25.4 | 30.5 | 11.4 | 3.9 |
| 平成9年度（n=725） | 29.1 | 34.5 | 17.0 | 6.6 |
| 平成12年度（n=1111） | 27.9 | 39.0 | 17.0 | 7.7 |
| 平成15年度（n=714） | 35.7 | 41.9 | 21.0 | 12.6 |
| 平成18年度（n=697） | 34.1 | 38.3 | 28.0 | 16.1 |
| 平成21年度（n=960） | 33.3 | 31.8 | 20.7 | 16.8 |
| 平成24年度（n=1137） | 35.7 | 35.7 | 25.6 | 21.1 |
| 平成27年度（n=920） | 44.0 | 35.7 | 30.5 | 25.3 |

（%）

| | 医業経営コンサルティング | 在宅医療サポート | ※患者搬送 | 医療情報サービス |
|---|---|---|---|---|
| 平成3年度（n=1010） | 5.5 | 0.0 | 8.3 | 8.0 |
| 平成6年度（n=801） | 8.1 | 4.0 | 7.4 | 7.6 |
| 平成9年度（n=725） | 10.5 | 9.1 | 10.8 | 10.1 |
| 平成12年度（n=1111） | 11.7 | 7.1 | 7.3 | 4.6 |
| 平成15年度（n=714） | 13.2 | 9.0 | 6.7 | 7.7 |
| 平成18年度（n=697） | 13.5 | 9.3 | 10.8 | 6.6 |
| 平成21年度（n=960） | 11.4 | 10.1 | 8.5 | 4.3 |
| 平成24年度（n=1137） | 13.7 | 8.6 | 7.9 | 6.0 |
| 平成27年度（n=920） | 15.7 | 11.7 | 9.5 | 8.5 |

（%）

注）サービス名の※印は医療関連サービスマーク認定サービスであることを示す。
出典：一般財団法人医療関連サービス振興会「平成27年度医療関連サービス実態調査結果の概要」

**図1-4　医療関連サービス委託率**

## 2　外部委託する際の法的制約

　医療行為は人体に著しい影響を及ぼすものであるため、安全性に対する細心の配慮が求められる。そのため医療法及び関係法令では、患者などの診療や収容に著しい影響を与えるものとして8つの業務を定めており、法的規制を行っている。医療機関はこの8つの業務を外部委託する際には、厚生労働省令に定められている基準に適合する業者を選定し、法令を遵守した病院運営を行うことが求められる(表1-2)。

　ここでは、「医療法の一部を改正する法律の一部の施行について」(1993〈平成5〉年2月15日 健政発第98号 各都道府県知事宛 厚生省健康政策局長通知[抄])をもとに、その規制の状況等で知っておくべき事項について取り上げる。

### (1)検体検査

#### ①病院または診療所の施設で検体検査の業務を行う者の基準

ⅰ)受託業務の責任者(以下「受託責任者」)について

　新省令第9条の8第1項第1号に規定する相当の経験とは、原則として3年以上の検査業務についての実務経験をいうものである。

ⅱ)受託業務を指導監督するための医師(以下「指導監督医」)について

　新省令第9条の8第1項第1号に規定する指導監督医は、検査業務について3年以上の実務経験を有する者である。

表1-2　**厚生労働省令により基準が定められている8つの業務**

| 業　　務 | 概　　要 |
| --- | --- |
| 検体検査 | 人体から排出または採取された検体の微生物的検査、血清学的検査、血液学的検査、病理学的検査、寄生虫学的検査及び生化学的検査の業務 |
| 滅菌消毒 | 医療機器または医学的処置、もしくは手術の用に供する衣類その他の繊維製品の滅菌または消毒の業務 |
| 患者等給食 | 病院における患者、妊婦、産婦またはじょく婦の食事の提供の業務 |
| 患者搬送 | 患者、妊婦、産婦またはじょく婦の病院、診療所または助産所相互間の搬送の業務及びその他の搬送の業務で重篤な患者について医師または歯科医師を同乗させて行うもの |
| 医療機器の保守点検 | 医療機器の保守点検の業務 |
| 医療用ガス供給設備の保守点検 | 医療の用に供するガスの供給設備の保守点検の業務 |
| 寝具類洗濯 | 患者、妊婦、産婦またはじょく婦の寝具またはこれらの者に貸与する衣類の洗濯の業務 |
| 院内清掃 | 医師もしくは歯科医師の診療もしくは助産師の業務の用に供する施設または患者の入院の用に供する施設の清掃の業務 |

なお、受託責任者として、受託業務を行う場所に医師が配置されている場合には、指導監督医が選任されていることは要しない。

②病院または診療所以外の場所で検体検査の業務を行う者の基準

ⅰ）臨床検査技師等に関する法律（昭和33年法律第76号）第20条の3第1項の規定に基づき、衛生検査所として、都道府県知事の登録を受けている者

ⅱ）保健所の開設者

ⅲ）検疫所の開設者

ⅳ）犯罪鑑識施設の開設者

## (2) 滅菌消毒

### ①業務の範囲

医療機器とは、鉗子、ピンセット、注射筒等の医療機器をいう。また、「医学的処置若しくは手術の用に供する衣類その他の繊維製品」とは、医学的処置または手術の際に医師、看護師等が用いる手術衣、手術の清潔を確保するために用いる布等の繊維製品をいう。

### ②委託できる医療機器または繊維製品の範囲

病院、診療所、もしくは助産所が滅菌消毒業務を委託することができる医療機器または繊維製品は、次に掲げるもの以外のものとする。

ⅰ）感染症の予防及び感染症の患者に対する医療に関する法律（平成10年法律第114号）第6条第2項から第7項までに規定する感染症の病原体により汚染された医療機器または繊維製品（汚染されたおそれのある医療機器または繊維製品を含む）であって、医療機関において、同法第29条の規定に基づいて定められた方法による消毒が行われていないもの。

　ただし、医療機関において滅菌消毒業務を行う場合であって、運搬専用の密閉性、防水性及び耐貫通性の容器による運搬体制及び防護服の着用等による作業体制が確立されている場合は、同条の規定に基づく消毒が行われていないものを委託することができる。

ⅱ）診療用放射性同位元素により汚染されている医療機器または繊維製品（汚染されているおそれのある医療機器または繊維製品を含む）。

## (3) 患者等給食

### ①患者等給食業務の範囲

新政令第4条の7第3号に規定する食事の提供（以下「患者等給食」）の業務は、食材の調達、調理、盛付け、配膳、下膳及び食器の洗浄並びにこれらの業務を行うために必要な構造設備の管理に加えて、食器の手配、食事の運搬等をいう。

### ②病院が自ら実施しなければならない業務の範囲

患者等給食業務のうち、病院が自ら行わなければならない業務は、表1-3のとおり。

なお、献立表の作成については、病院が定めた作成基準に基づき、病院または患者等給食業者のいずれかが作成しても差し支えないが、実際に調理作業に従事する者の意見を十分に聴取し、調理作業に無理や支障を来さないよう配慮する必要がある。

### ③委託の方法等

ⅰ）院外調理

これまでは病院内の給食施設を使用して調理を行う、いわゆる代行委託のみが認められ

表1-3　病院が自ら実施すべき業務

| 区分 | 業務内容 | 備考 |
|---|---|---|
| 栄養管理 | 病院給食運営の総括 | |
| | 栄養管理委員会の開催、運営 | 受託責任者等の参加を求めること |
| | 院内関係部門との連絡・調整 | |
| | 献立表法作基準の作成 | 治療食等を含む |
| | 献立法の確認 | |
| | 食数の注文・管理 | |
| | 食事せんの管理 | |
| | 嗜好調査・喫食調査等の企画・実施 | 受託責任者等の参加を求めること |
| | 検食の実施・評価 | |
| | 関係官庁等に提出する給食関係の書類等の確認・提出・保管管理 | |
| 調理管理 | 作業仕様書の確認 | 治療食の調理に対する指示を含む |
| | 作業実施状況の確認 | |
| | 管理点検記録の確認 | |
| 材料管理 | 食材の点検 | 病院外の調理加工施設を用いて調理する場合を除く |
| | 食材の使用状況の確認 | |
| 施設等管理 | 調理加工施設、主要な設備の設置・改修 | 病院内の施設、設備に限る |
| | 使用食器の確認 | |
| 業務管理 | 業務分担・従事者配置表の確認 | |
| 衛生管理 | 衛生面の遵守事項の作成 | |
| | 衛生管理簿の点検・確認 | |
| | 緊急対応を要する場合の指示 | |
| 労働衛生管理 | 健康診断実施状況等の確認 | |

ていたが、今後は病院外の調理加工施設を使用して調理を行う、いわゆる院外調理も認められる。ただし、喫食直前の再加熱については、病院内の給食施設において行うべきである。

ⅱ）複数業者への委託

　患者等給食業務を病院が直接複数の業者に委託することも差し支えない。また、業者は受託した業務のうち、食事の運搬、食器の洗浄等の一部の業務については、新省令第9条の10で定める基準を満たす者に再委託することも差し支えない。

ⅲ）受託業務を行う場所

　受託業務を行う場所とは、病院内の給食施設を使用して調理を行う場合にあっては、当該病院の給食施設のことであり、病院外の調理加工施設を使用して調理を行う場合にあっては、当該調理加工施設のことである。

　また、受託業務の内容によっては、業務を行う場所が複数箇所の場合もあり得る。なお、業務を行う場所が複数箇所の場合には、主たる業務を行う場所に受託責任者を配置する。

ⅳ）食品衛生法との関係

　病院外の調理加工施設を使用して患者等給食の調理を行う場合には、食品衛生法（昭和22年法律第233号）に基づく営業の許可の対象になる。したがって、これらの調理加工施設は食品衛生法等関係法令を遵守しなければならない。

　なお、「大規模食中毒対策等について」（平成9年3月24日付け衛食第85号生活衛生局長通知）が通知されたが、病院外の調理加工施設を使用して患者等給食の調理を行う場合については、通知に十分留意し、適切な衛生管理を行う。

　また、通知で定められた以外にも、必要に応じ重要管理点を定める場合には、HACCP（危害分析重要管理点）の概念に基づく適切な衛生管理を行う。

ⅴ）調理方式

　病院外の調理加工施設を使用して調理を行う場合には、患者等給食の特殊性に鑑み、その調理加工方式として、クックチル、クックフリーズ、クックサーブ及び真空調理（真空パック）の四方式があるが、これらの調理方法には食味の面からそれぞれに適した食品があり、いずれか1つの調理方式に限定することは好ましいものではない。したがって、これらの調理方式を適切に組み合わせて、患者等給食業務を行うことが望ましい。

　ただし、いずれの調理方式であっても、HACCPの概念に基づく適切な衛生管理が行われている必要がある。

ⅵ）食事の運搬方法

　病院外の調理加工施設から病院へ食事を運搬する場合には、患者等給食の特殊性に鑑み、原則として、冷蔵（3℃以下）もしくは冷凍（マイナス18℃以下）状態を保って運搬する。

　ただし、調理・加工後の食品を、2時間以内に喫食する場合にあっては、65℃以上を保って運搬しても差し支えない。この場合であっても、食中毒の発生等がないよう、衛生管理

に十分配慮を行う。

なお、缶詰め等常温での保存が可能な食品については、この限りではない。

vii) 患者等給食の継続的な提供

患者等給食については、その業務の特殊性に鑑み、継続的な提供が特に重要であることから、病院及び患者等給食業者は患者等給食の継続的かつ安定的な提供に最大限の努力を行う必要がある。したがって、何らかの事由により患者等給食業者が当該業務を遂行することが困難となった場合に備えて、患者等給食が滞ることがないよう必要な措置を講じておく。

なお、必要な措置としては、複数の調理加工施設を有する患者等給食業者と業務委託契約を結ぶ、複数の患者等給食業者と業務委託契約を結ぶ、あらかじめ代行業者を定めて代行契約を結ぶ、病院が自ら調理を行うことができる施設及び人員を確保しておくこと等が考えられる。

また、患者等給食業務においては厳に衛生管理を徹底すべきであり、食中毒の発生により、患者等給食業務の遂行が困難になるということはあってはならない。

## (4) 患者搬送

### ①業務の範囲に関する事項

新政令第4条の7第4号に掲げる業務は、患者、妊婦、産婦またはじょく婦の病院、診療所もしくは助産所相互間の搬送の業務及びその他の搬送の業務で重篤な患者について医師または歯科医師を同乗させて行うものをいい、病院、診療所または助産所内の患者等の移動は含まない。

### ②人員に関する事項

ⅰ) 受託責任者について

新省令第9条の11第1号に規定する相当の知識とは、医師法、医療法等関係法規に関する知識をいい、相当の経験とは、原則として3年以上の患者等の搬送業務についての実務経験をいう。

## (5) 医療機器の保守点検

### ①業務の範囲に関すること

ⅰ) 新政令第4条の7第5号に定める業務

新政令第4条の7第5号に定める業務は、改正後の省令第9条の7に定める医療機器の保守点検の業務をいう。

なお、改正後の省令第9条の7に定める医療機器は、「薬事法第2条第8項の規定により厚生労働大臣が指定する特定保守管理医療機器」(平成16年厚生労働省告示第297号)とし、その詳細については、「薬事法第2条第5項から第7項までの規定により厚生労働大

臣が指定する高度管理医療機器、管理医療機器及び一般医療機器(告示)及び薬事法第2条第8項の規定により厚生労働大臣が指定する特定保守管理医療機器(告示)の施行について(通知)」(平成16年7月20日付薬食発第0720022号厚生労働省医薬食品局長通知)の例によるものとする。

**②保守点検と修理**

保守点検とは、清掃、校正(キャリブレーション)、消耗部品の交換等のことであり、故障等の有無にかかわらず、解体のうえ点検し、必要に応じて劣化部品の交換等を行うオーバーホールは含まない。

また、修理とは、故障、破損、劣化等の箇所を本来の状態・機能に復帰させること(当該箇所の交換を含む)であり、薬事法(昭和35年法律第145号)に基づく医療機器の製造業または修理業の業許可を得た者でなければ、業として行ってはならない。

## (6)医療用ガス供給設備の保守点検

### ①業務の範囲等に関する事項

ⅰ)医療用ガスの供給設備

新政令第4条の7第6号に規定する医療の用に供するガス(以下「医療用ガス」)の供給設備とは、アウトレット、ホースアセンブリー、遠隔警報板、供給源装置、供給源機器(吸引ポンプ、空気圧縮機)等をいう。

### ②保守点検

新政令第4条の7第6号に規定する保守点検とは、正常な状態などを維持するための点検、予備の附属品の補充等をいい、補修等の工事は含まない。

### ③高圧ガス保安法の規定により医療機関が自ら行わなければならず、委託することができない業務

次の業務は、高圧ガス保安法の規定により、高圧ガスを製造または消費する者として医療機関が自ら行わなければならず、委託することができないので、注意する必要がある。

ⅰ)高圧ガス保安法第5条第1項の規定に基づき、都道府県知事の許可を受けている者(第一種製造者)にあっては、同法第27条の2または第27条の3の規定に基づき、高圧ガス製造保安統括者、高圧ガス製造保安技術管理者、高圧ガス製造保安係員、高圧ガス製造保安主任者または高圧ガス製造保安企画推進員に行わせなければならない業務

ⅱ)高圧ガス保安法第24条の3第1項に規定する特定高圧ガスを消費する者(特定高圧ガス消費者)にあっては、高圧ガス保安法第28条第2項の規定に基づき、特定高圧ガス取扱主任者に行わせなければならない業務

## (7) 寝具類洗濯

### ①業務の範囲等に関する事項

ⅰ) 業務の範囲等

　新政令第4条の7第7号に掲げる業務は、患者、妊婦、産婦またはじょく婦の布団、シーツ、枕、包布等の寝具及びこれらの者に貸与する衣類の洗濯の業務をいう。

　なお、新省令第9条の14に規定する基準は、病院以外の施設において、当該業務を行うことを前提とした基準である。

ⅱ) 委託できる寝具類の範囲

　病院が洗濯を委託することができる寝具類は、次に掲げるもの以外とする。

・感染症の予防及び感染症の患者に対する医療に関する法律第6条第2項から第5項まで、または第7項に規定する感染症の病原体により汚染されているもの（汚染されているおそれのあるものを含む）であって、病院において、同法第29条の規定に基づいて定められた方法による消毒が行われていないもの。

・診療用放射性同位元素により汚染されているもの（汚染されているおそれのあるものを含む）。

### ②洗濯施設は、原則として病院洗濯物のみを取り扱う専門施設とする

　なお、他の洗濯物も併せて取り扱う場合にあっては、病院洗濯物に係る各施設（受取場、洗濯場［選別場、消毒場、洗い場、乾燥場等］、仕上場及び引渡場）が病院洗濯物専用のものであり、また、隔壁等により他の洗濯物に係る各施設と区分する。

## (8) 院内清掃

### ①業務の範囲等に関する事項

ⅰ) 施設の範囲

　新政令第4条の7第8号に規定する施設は、診察室、手術室、処置室、臨床検査施設、調剤所、消毒施設、給食施設、洗濯施設、分娩室、新生児の入浴施設、病室等の医師もしくは歯科医師の診療もしくは助産師の業務の用、または患者の入院の用に供する施設をいい、給水施設、暖房施設、汚物処理施設、事務室等は含まない。

ⅱ) 業務の範囲

　新政令第4条の7第8号に規定する清掃とは、日常的に行われる清掃業務及びこれに付随して行われる消毒業務をいい、環境測定、ねずみ、こん虫等の防除等は含まない。

# 3 医療関連産業の範囲と位置づけ

## 1 医療関連産業の対象範囲

医療機関の外部委託が進むなか、医療関連産業も多岐にわたり、範囲も拡大している。本節では、医療関連産業の対象範囲（各種業界）について、一般財団法人医療関連サービス振興会、病院の支出実績、業務の流れの3点から探っていく。

### (1)医療関連サービス振興会

医療関連サービス振興会は、拡大する医療関連の質の確保を図り、その健全な育成と発展を目的として、医療関係者及び民間企業などの賛同のもとに、1990（平成2）年に設立された。

事業としては、調査研究、評価認定制度事業、情報の整備・提供、研修事業、行政機関・関連団体との連絡、海外調査団の派遣、広報活動、委員会活動に大別される。このうち、医療機関経営という観点から特に知っておくべきことは、評価認定制度事業である。

同振興会では、医療関連サービスマーク制度を設け、良質な医療関連サービスの提供に必要な認定基準を定め、当該基準を満たすサービスに対し、「医療関連サービスマーク（図1-5）」の認定を行っている。当該認定基準は、厚生労働省令で定める基準をすべて取り入れることはもちろんとして、同振興会が独自に定めた、より厳格な基準によって良質なサービスが確保されるように配慮されている。つまり、医療機関が外部委託する際に、医療関連サービスマークを取得しているかどうかが、外部受託業者の信頼性を示す1つの指標となるのである。

医療関連サービスマークは、医療法施行規則で基準が定められている8つの業務（7ページ参照）すべてを対象としている。なお、滅菌消毒については、院外と院内の2つ、医療機器の保守点検については、在宅酸素療法における酸素供給装置の保守点検と医療機器の保守点検の2つを対象としている。そのため医療関連サービスマークの対象業務として、検体検査、患者等給食、患者搬送、在宅酸素療法における酸素供給装置の保守点検、医療機器の保守点検、医療用ガス供給設備の保守点検、寝具類洗濯、院内清掃、院内消毒滅菌、院外消毒滅菌の10業種を対象としている。

図1-5　医療関連サービスマーク

表1-4 実態調査で対象としている医療関連サービス（サービスマークの対象外）

| | |
|---|---|
| 医療廃棄物処理 | 医療機関などから排出される感染性廃棄物の回収、運搬、中間処理、最終処理を行うサービス。 |
| 医療事務 | 医療機関の外来受付、診療録管理、診療報酬請求、医事会計などの業務を行うサービス、またはこれらの業務にかかわる要員の養成・研修を行うサービス。 |
| 院内情報コンピュータシステム | 医療機関のコンピュータシステム（財務会計、給与計算、医事会計、検診、栄養補給、物品管理）の開発、導入及び運用、メンテナンスを行うサービス。 |
| 医療情報サービス | 医療機関に対して診療、検査、医薬品などに関する情報提供を行うサービス、または患者などに対して医療機関の情報提供を行うサービス。 |
| 院内物品管理 | 医療機関で使用される物品（医薬品、診療材料、医療消耗器具備品、一般消耗品など）の発注、在庫管理、病棟への搬送などを行うサービス。 |
| 医業経営コンサルティング | 医療機関などに対して、医療機関開設にかかわる指導・支援、医療圏の市場調査・分析、財務や税務に関する指導・相談、その他医療機関の運営にかかわる指導を一定期間、継続的に行うサービス。 |
| 在宅医療サポート | CAPD（連続携行式自己腹膜透析療法）、HIT（在宅輸液療法）、人工呼吸器療法など在宅医療（在宅酸素療法を除く）の支援を行うサービス（調剤、薬剤配送、機器の保守点検など）。 |

さらに3年ごとに実施している実態調査においては、医療関連サービスマークの対象となる前述の10業種に加え、医療関連サービスマークの対象にはならないが、表1-4に示す事業も対象としている。

## (2) 病院の支出実績に基づく分類

医療関連サービスマークの対象は、医療機関の外部委託を中心とした医療関連産業を範囲としていたが、医療機関の運営を円滑化するために、より広範な医療関連産業が存在する。ここでは、病院の支出実績に基づく医療関連産業の分類を示す。

図1-6は、病院の医業収入を100とした場合の支出の割合を表したものである。これを見ると給与費が最も多く、経費を除けば、次いで医薬品費、診療材料費、委託費、減価償却費の順になっている。

医薬品費と診療材料費に関する製品は製薬会社等が製造販売を行い、医薬品卸（医薬品卸売販売業者）を通して医療機関に納品されるのが、一般的な仕組みである。委託費については、主に前述した医療関連サービスマークの対象になっており、減価償却費は、病院建築費、手術室などの設置費、高額医療機器の購入費などである。

## (3) 業務の流れに基づく分類

業務の流れに関連づけて医療関連産業の分類を行うと、調剤薬局[*1]や、健診・介護などを提供する事業者も存在する。医療法人や関連法人が当該事業を行っていることもある

第1章　巨大化する医療関連産業

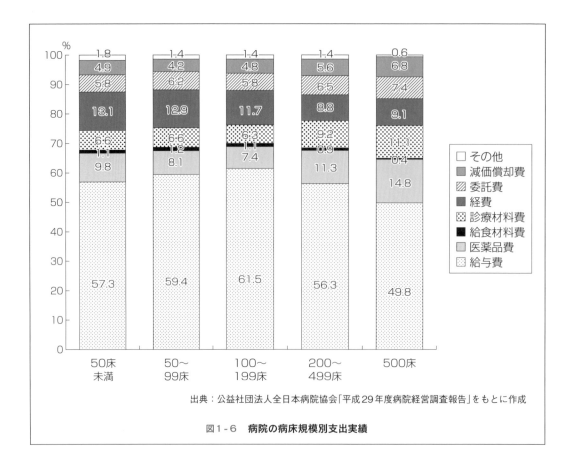

出典：公益社団法人全日本病院協会「平成29年度病院経営調査報告」をもとに作成

図1-6　病院の病床規模別支出実績

が、近年は大手企業が介護事業に進出する事例も多い。医療機関の経営は厳しい状況にあるものの、その他の関連事業に進出する多角経営によって、本業での収益性を補える可能性がある。第2章では業務の流れの観点から、これらの周辺事業について取り上げる。

## 2　医療機関経営における医療関連産業の位置づけ

　医薬品や診療材料、CT[*2]やMRI[*3]といった医療機器などがなければ医療機関の本業である医療行為を行うことはできない。その意味で、医療関連産業は医療機関経営の大切なパートナーである。パートナーが提供してくれるサービスにいかに付加価値を加えられるかが、医療機関の経営におけるポイントである。そこで、パートナーがどのような事業を行っているか、医療機関にどのような貢献をしているかについても、第2章で学ぶことにする。

---

*1　調剤薬局については法的規制があり、医療法人が経営することはできない。
*2　CT：X線管球が身体の周りを回転して、360°方向から収集された情報を集めてコンピュータ解析し、身体のあらゆる部位の輪切りの画像をつくり出す診断装置。
*3　MRI：磁力と電磁波の力によって、人体のあらゆる部分の断面像を撮影することができる核磁気共鳴画像診断装置。

# 第2章
## さまざまな医療関連産業の動向と展望

1. 製薬（医薬品）
2. 医療機器
3. 医薬品卸とSPD
4. 共同購入
5. 病院情報システム
6. 病院建築
7. 患者給食
8. 金　融
9. 保険薬局
10. 健診事業

# 製薬(医薬品)

　患者によりよい医療を提供するという観点から、医薬品を供給している製薬会社は、「医療に貢献する」という医療機関と共通のゴールを持っている。一方で、医療機関と製薬会社は、顧客と製造販売業者の関係でもある。
　薬剤費は、多くの医療機関で医業収益に対して10～20%を占めており、これは人件費を除くその他の費用のなかでは比較的大きな割合である。医療機関にとって医薬品の採用や使用を適正化することは、経営の観点からも非常に重要である。
　本節では、製薬会社が顧客である医療機関に提供するサービスと、その他のかかわりについて概説する。

## 1　医薬品情報の提供

　製薬会社が医療機関に提供する最も重要なサービスは、医薬品の情報提供であり、その方法には大きく分けて医薬情報担当者(MR：Medical Representative)によるものと、コールセンターによるものの2つがある。

### (1)MR

　医薬品の適正使用を促進し、患者の安全性を確保するため、自社製品の情報提供を行うことは、医薬品を供給している製薬会社にとって最も重要な仕事である。そのため製薬会社は、医薬品の納入先である医療機関にMRを送り、日常的に医師や薬剤師を訪問し、情報提供活動を行っている。MRは営業職ではあるが、医薬情報担当者と呼ばれている。
　かつてMRは、納入価格について医療機関と直接交渉を行っていたが、現在では、これらの交渉は医薬品卸が行っているため、MRがかかわることはなくなった。医療機関内でのMRの仕事は、医薬品情報の提供が主となっている。MRが行う情報提供活動にはさまざまなものが含まれるが、それらは医薬品の適正使用の促進や患者の安全性確保をサポートするものである。
　たとえば、医薬品は日本や海外の規制当局から承認を受けたあとも、市販後臨床試験やさまざまな臨床研究によって、その有効性や安全性が繰り返し検証され、国内外の学会や論文で発表されている。そのため、MRがこれら最新の科学的根拠(エビデンス)をいち早

く担当医療機関の医師に伝達することは、医師が処方内容を決定する際の助けとなる。

また、自社製品に対して医師や薬剤師からの質問に回答することも、医薬品の適正使用を促進することにつながる。その他、添付文書の改訂の伝達や、緊急安全性情報・緊急安全性速報を届けるなどの安全性情報の提供も重要な仕事である。

MRの情報提供活動は、同時に営業的な側面も含んでいる。たとえば、新薬が発売された場合は、医師や薬剤師に対して、新薬の有効性や安全性について説明を行い、新薬の情報を伝達するとともに、医療機関に採用されるよう働きかけを行う。

これらの情報提供活動は、医師やその他の医療従事者が最新の医薬品情報に接する機会でもあり、治療や患者サービス向上の一助となるため、医療機関にとっても必要である。ただし、医療機関内の情報管理や個人情報保護などの観点から、医師や他の医療従事者への面会などについては、適切なルールを定めておく必要がある。

## (2)コールセンター

製薬会社は、MRとは別に医薬品情報を提供する部署を持つ。「医薬情報センター」や「おくすり相談室」など、各企業によって呼び方は異なるが、医療従事者や患者から直接電話で問い合わせを受けるのがコールセンターである。最近では国内でも24時間体制で対応するコールセンターが開設されている。コールセンターでは、MRが日常的に訪問できない医療機関、調剤薬局などからの問い合わせといった緊急性の高い質問などに対応している。

## (3)医薬品、医療機器等に対する安全性対策の強化

2013（平成25）年に薬事法が改正され、「医薬品、医療機器等の品質、有効性及び安全性の確保等に関する法律（以下、医薬品医療機器等法）」と題名が変更となり、医薬品、医療機器等に対する安全性対策が強化されることとなった。その対策の1つとして、製造販売業者は、最新の知見に基づき添付文書を作成し、厚生労働大臣へ届け出ることが義務づけられた。また、迅速な情報提供を行うために、届け出た添付文書をウェブに掲載することとなった。

## 2　安全性情報の収集

製薬会社にとって医療機関は情報収集の場所でもある。製薬会社は、自社製品の安全性について日々情報収集を行っており、それらを規制当局に報告する義務がある。そのため、情報収集手段の1つとして、MRが医師や薬剤師を訪問した際、安全性についての情報収集を行っている。

特に、新薬の販売開始後は使用患者の増加、使用方法の多様性により、臨床試験では見られなかった副作用などが発現することがある。そのため発売当初6か月間は、市販直後

調査として、新薬が納入された医療機関へ前半期間（2か月間）は2週間に1度、その後は1か月に1度、安全性の情報を収集するよう義務づけられている（根拠法「医薬品の市販後調査の基準に関する省令の一部を改正する省令」）。市販直後調査の対象となる新薬は、承認審査の過程でその必要性が判断される。

また、その他の手段として、市販後調査（PMS：Post Marketing Surveillance）による安全情報の収集も行われる。PMSでは製薬会社が医療機関と契約を結び、一定の調査を実施する。これらを通して収集された安全性情報は、製薬会社で分析され、再度、MRによってその内容が医師や医療従事者へフィードバックされる。

## 3　臨床試験

医療機関と製薬会社は、医薬品の購入者と製造販売者という関係だけではない。医薬品の開発では第1相から第3相の臨床試験（治験）[*1]を通して、医薬品として承認されるに資するデータを収集する必要がある。治験では、多くの健常者及び患者の参加が必須となるが、特に第3相は、多くの患者によって医薬品の効果及び安全性が確認される最終段階であるため、多くの医療機関で治験が実施されるのが一般的である。治験を実施することは、医療機関にとって入院、外来以外の医業収益を得ることにもつながる。近年では、診療所や一般病院が治験施設となることも多い。

### (1) 円滑な治験の実施

治験を実施するためには、製薬会社との契約、治験審査委員会（IRB：Institutional Review Board）の準備などさまざまな事務的手続きがあり、これらを管理運営するためには、治験事務局が必要である。また、治験医師の手助けや患者への対応など、治験業務全般をサポートし、治験を円滑に進めるためのクリニカル・リサーチ・コーディネーター（CRC：Clinical Research Coordinator）が不可欠である。

近年では、医療機関において一定の治験に関する業務をサポートする治験施設支援機関（SMO：Site Management Organization）が治験事務局の代行やCRCの派遣を行っている。そのため、SMOと一定の契約を結んで治験を実施する医療機関が増えている。

SMOと契約することにより、医療機関側としては治験業務に必要な人的資源を得られるため、院内の人的資源には影響を受けることなく治験を実施できる。しかし、治験を進めるためには、治験医師や看護師はもちろん、治験薬を取り扱う薬剤部や検査部、また医事課など、治験に関連する部署と、SMOから派遣されたCRCとの連絡を緊密にすること

---

[*1] 第1相試験：少人数の健康成人で安全性を調べる試験。
　　 第2相試験：比較的少人数の患者で有効性と安全性を調べる試験。
　　 第3相試験：多数の患者で有効性と安全性を検証する試験。

が重要である。したがって、治験実施施設となるには院内の合意形成が重要となる。

さらに最近では、症例報告書の作成が電子的に行われるようになり、データ収集のIT化が進んでいる。治験実施施設となるにあたっては、院内のインターネット環境などIT関連の準備をしておく必要がある。

## (2) 患者サービス

医療機関が治験を実施することは、患者に新たな治療の選択肢を提示できるという意味もあり、患者サービスの一面を持つ。医療機関の経営という観点からは、医業収益獲得だけでなく、患者サービスとしても治験を認識しておきたい。また、患者が安心して治験に参加できるように、治験に対する院内の意思を統一しておくことが重要となる。

## 4 後発医薬品(ジェネリック医薬品)

後発医薬品とは、先発医薬品と同一の有効成分を含み、効能・効果や用法・用量が原則的に同一で、先発医薬品と同等の臨床効果が得られる医薬品である。有効成分の一般名(generic name)で処方されることが多いことから、ジェネリック医薬品とも呼ばれる。

先発医薬品、すなわち新薬は、研究開発費に莫大な期間と費用を要する。一方、後発医薬品は、先発医薬品の長年にわたる臨床経験を踏まえて開発されるため、承認審査の際に求められる試験が少ない。そのため、短い開発期間と少ない費用で開発でき、先発医薬品より低価格での提供が可能である。

政府は、患者負担の軽減や医療保険財政の改善の観点から、2013年に「後発医薬品のさらなる使用促進のためのロードマップ」を作成し、後発医薬品の普及促進を進めてきた。その結果、2013年の数量シェア46.9％は、2017(平成29)年9月時点で65.8％まで増加してきている。さらに、2017年の閣議にて、2020年までに数量シェアを80％とする新たな目標が定められた。

後発医薬品の使用促進策の一環として、薬局や医療機関に対しては、調剤報酬や診療報酬により一定の環境整備が行われてきた。それにより、2017年の調査では、薬局における後発医薬品の調剤割合の増加、病院、診療所における後発医薬品の採用増加、また一般名処方をしたことがある医師の割合増加が明らかとなった。2018(平成30)年度診療報酬改定では、さらなる使用促進策として、薬局における「後発医薬品調剤体制加算」や医療機関における「後発医薬品使用体制加算」「一般名処方加算」の見直し等が行われた。

## 5 医療機関と製薬会社の今後

製薬会社にとって、医療機関は顧客として医薬品の情報提供を行う場であるだけでなく、

情報を収集する場でもあり、将来的にはそれらがさらなるサービスの向上や新薬の開発に役立てられる。今後は、後発医薬品の使用促進による製薬会社同士の競争激化や情報提供のIT化など、環境の変化が予想される。医療への貢献や患者サービスの向上という点では、医療機関と製薬会社は共通のゴールを持っており、そのための建設的な関係の構築が期待される。

#  医療機器

## 1　医療機器の分類

　医療機器は、技術の進歩とともに高度化、複雑化しており、現在の医療を支えている。医療機器の種類は、治療機器群、診断機器群、分析機器群、衛生用品等と広範にわたるが、使用目的及び医療機器のサイズの観点から、表2-1のように大きく分類される。

表2-1　医療機器の分類

| | 診断器 | 治療器 |
|---|---|---|
| 大型機器<br>(施設備え付け) | ・X線診断装置(画像診断)<br>・CT／MRI(画像診断)<br>・PET／SPECT(画像診断)<br>・自動臨床検査装置(検体検査) | ・放射線治療器(ガンマナイフ) |
| 中型機器<br>(移動式) | ・超音波診断装置(画像診断)<br>・内視鏡診断装置(画像処理)<br>・心電計／脳波計／筋電計(生体検査)<br>・生体情報モニター／パルスオキシメーター(モニター)<br>・血球検査装置／POC／バイオマーカー(検体検査装置) | ・電気メス本体<br>・透析器<br>・除細動器<br>・人工心肺<br>・ベンチレーター(人工呼吸器) |
| 小型／ディスポーザブル機器 | ・検査用消耗品<br>・検体検査用試薬 | ・カテーテル／ガイドワイヤー／ステント(血管処置具)<br>・生体補助装置(ペースメーカー／人工関節／人工血管)<br>・サージカルデバイス<br>　(縫合・吻合器、縫合糸、内視鏡用処置器具、電気メス)<br>・注射器、脱脂綿、各種カテーテル |

## 2　わが国における医療機器の設置動向

　わが国が医療計画制度を創設するにあたって参考にしたアメリカ、フランス及びドイツでは、医療費高騰の問題が生じていた。各国政府は、医療資源の適正化を図るために、医

療計画において、病床のみならず医療機器や医療技術も規制対象とした。

一方、わが国の医療計画制度では、基準病床数の算定以外は具体的な数値目標が示されておらず、医療機器の設置規制は行われていない。

その結果、CTやMRIなどの画像診断機器は非常に高額であるにもかかわらず、わが国における普及率はアメリカなど他の先進諸国と比較して著しく高く、また増加傾向は継続している（表2-2、図2-1）。

わが国の医療機器の普及率の推移をみると、MRIの人口100万人対設置台数は、他の医療機器よりも急増傾向にある（図2-2）。この背景には、政府による医療機器の設置規制がないことに加え、医療機関間の競争が医療機器の普及を後押ししていると考えられる。

医療機器の設置場所が一般診療所（入院施設を有さない、または19病床以下）にあるのか、一般病院（20病床以上）にあるのかをみてみると、MRIやPET[*1]はRI[*2]検査やSPECT[*3]と比較して、一般診療所に設置されている割合が高い（図2-3）。これは、人間ドックに特化した一般診療所などにおいて、MRIやPETの普及が進んでいるためと考えられる。

わが国の一般病院における医療機器の普及率は、病床数によって異なる。MRIの約50％は、病床数199以下の病院に設置されている（図2-4）。MRIは広く検査に用いられ、小規模の医療機関においても普及が進んでいる。

表2-2　医療計画の国際比較

|  | アメリカ | フランス | ドイツ | 日本 |
|---|---|---|---|---|
| 法律名<br>（制定年） | 国家医療計画資源開発法<br>（1974年） | 病院改革法<br>（1970年） | 病院財政安定法<br>（1972年） | 第一次医療法改正<br>（1985年） |
| 現状 | 連邦法廃止<br>（1986年）<br>州規制存続<br>（機器のみ） | 病床規制は廃止の方向で検討中 | 維持<br>（医療機器撤廃）<br>（1998年） | 維持 |
| 病床規制 | 1986年に廃止 | ○[※1] | ○[※2] | ○ |
| 医療機器の規制 | ○ | ○ | 1998年に廃止 | × |

※1　次回の医療計画見直しでは病床規制は廃止の方向。
※2　次回の医療計画では参照値のみが示され、規制はなくなる予定。

出典：厚生労働省「『医療計画の見直し等に関する検討会』ワーキンググループ報告書」を一部改編

*1　PET：ポジトロンを放出するアイソトープで標識された薬剤を注射し、その体内分布を特殊なカメラで映像化する診断装置。
*2　RI：放射性同位元素（RI）を体内に取り込み、RIから放射される放射線をシンチカメラでとらえて画像化する医療機器。
*3　SPECT：体内に取り込んだ放射性同位元素からの放射線を画像化させる放射性同位元素（RI）と、臓器・器官の断面を画像化させるCTを合わせた単光子放射線コンピュータ断層撮影。

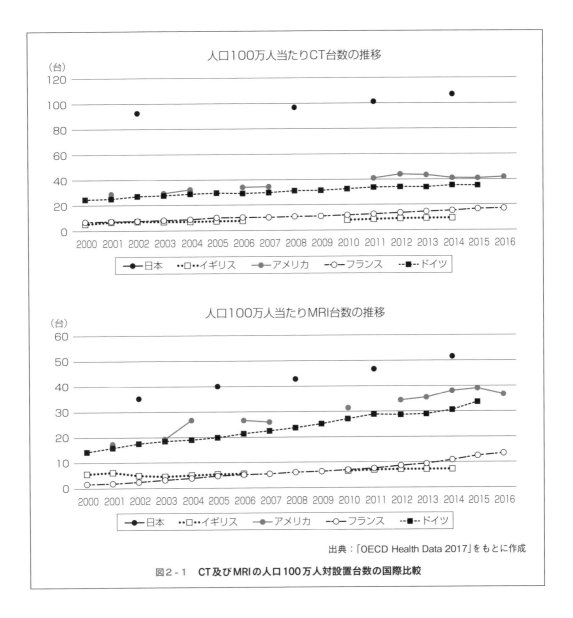

図2-1　CT及びMRIの人口100万人対設置台数の国際比較

　一方、PET、SPECT及びRI検査用の医療機器の80％以上は、病床数200以上の病院に設置されている。そのため、PET、SPECT及びRI検査用の医療機器は、地域中核病院である地域医療支援病院や、大学病院の本院を中心とした高度医療の提供を行う特定機能病院など大規模病院を中心に利用される傾向にあるといえるだろう。

## 3　医療機器メーカーのビジネスモデル

　これらの大型・中型医療機器について、医療機器メーカーは単純な売り切りのビジネスは行っていない。既存客との関係を深め、利益を確保するランニングビジネス[*4]を実践し

第2章 さまざまな医療関連産業の動向と展望

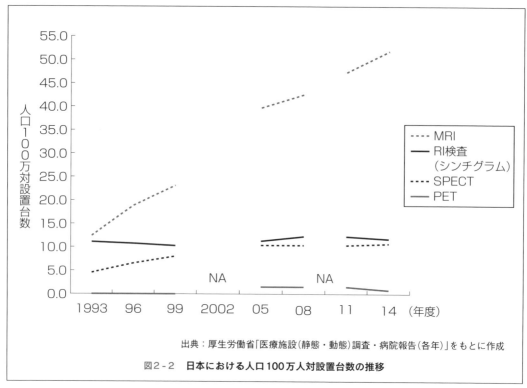

図2-2 日本における人口100万人対設置台数の推移

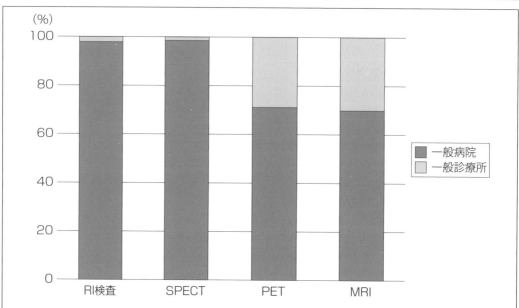

注：一般病院とは、医師または歯科医師が医業または歯科医業を行う場所であって、患者20人以上の入院施設を有するもの。一般診療所は、医師または歯科医師が医業または歯科医業を行う場所（歯科医業のみは除く）であって、患者の入院施設を有しないもの、または患者19人以下の入院施設を有するもの。
出典：厚生労働省「平成26年医療施設（静態・動態）調査・病院報告の概況」をもとに作成

図2-3 医療機器の一般病院及び一般診療所への設置状況（2014年）

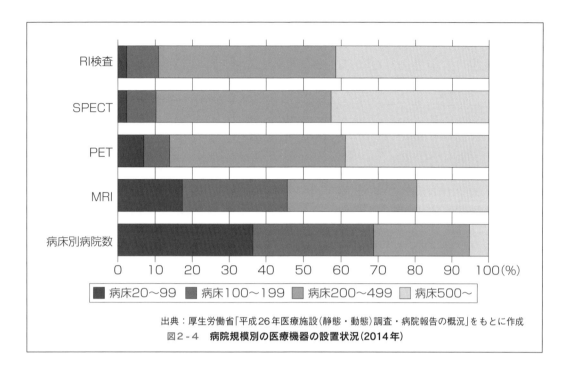

出典：厚生労働省「平成26年医療施設（静態・動態）調査・病院報告の概況」をもとに作成
図2-4　病院規模別の医療機器の設置状況（2014年）

ている。大型・中型医療機器と、検査室のプロセス設計、検査データ管理設計などのソリューションを併せて販売し、その後は検査薬やパッチなどの消耗品を継続的に販売提供し、アフターサービスとして有償で本体の保守・修理を請け負う。

## 4　医療機器に関する法規制

### (1)医療機器の定義

　医療機器とは、医薬品医療機器等法において、「人若しくは動物の疾病の診断、治療若しくは予防に使用されること、又は人若しくは動物の身体の構造若しくは機能に影響を及ぼすことが目的とされている機械器具等」と定義されている。

　なお、医療機器の定義は国・地域の法令や規格によって異なるため、各国は国際基準である医療機器規制国際整合化会議（GHTF：Global Harmonization Task Force）のルールに基づき、医療機器の人体などに及ぼす危険度に応じてクラス分類を行っている。わが国では、厚生労働省告示において、既存の医療機器を表2-3のように分類している。

　また、リスクのクラス（一般医療機器、管理医療機器、高度管理医療機器）にかかわらず、

---

*4　ランニングビジネス：新規客の獲得に要する販促費は既存客の維持のための販促費よりもかかり、また競合に勝つために価格競争に巻き込まれる可能性がある。したがって、新規客の獲得後、単発の商売で終わらせず、あらゆる施策を用いて顧客をリピート化させていくビジネス戦略をいう。

表2-3 リスクによる医療機器の分類

| 国際分類 | | | 医薬品医療機器等法における分類 | |
|---|---|---|---|---|
| クラスⅠ | 不具合が生じた場合でも、人体へのリスクが極めて低いと考えられるもの（例：X線フィルム、歯科技工用品） | 一般医療機器 | 高度管理医療機器及び管理医療機器以外の医療機器であって、副作用または機能の障害が生じた場合においても、人の生命及び健康に影響を与えるおそれがほとんどないものとして、厚生労働大臣が薬事・食品衛生審議会の意見を聴いて指定するものをいう | |
| クラスⅡ | 不具合が生じた場合でも、人体へのリスクが比較的低いと考えられるもの（例：MRI、超音波診断装置） | 管理医療機器 | 高度管理医療機器以外の医療機器であって、副作用または機能の障害が生じた場合において人の生命及び健康に影響を与えるおそれがあることからその適切な管理が必要なものとして、厚生労働大臣が薬事・食品衛生審議会の意見を聴いて指定するものをいう | |
| クラスⅢ | 不具合が生じた場合、人体へのリスクが比較的高いと考えられるもの（例：人工骨、人工呼吸器） | 高度管理医療機器 | 医療機器であって、副作用または機能の障害が生じた場合（適正な使用目的に従い適正に使用された場合に限る）において人の生命及び健康に重大な影響を与えるおそれがあることからその適切な管理が必要なものとして、厚生労働大臣が薬事・食品衛生審議会の意見を聴いて指定するものをいう | |
| クラスⅣ | 患者への侵襲度が高く、不具合が生じた場合、生命の危険に直結するおそれがあるもの（例：ペースメーカー、ステント） | | | |

出典：厚生労働省ホームページ

保守管理に特別な技術が必要なものは、厚生労働大臣によって、特定保守管理医療機器に指定されている（表2-4）。特定保守管理医療機器とは、「医療機器のうち、保守点検、修理その他の管理に専門的な知識及び技能を必要とすることからその適正な管理が行われなければ疾病の診断、治療又は予防に重大な影響を与えるおそれがあるものとして、厚生労働大臣が薬事・食品衛生審議会の意見を聴いて指定するもの」と定義されている（医薬品医療機器等法第2条第8項）。

こうしたクラス分類にかかわらず保守点検や修理などに専門的な知識と技術を要する医療機器で、厚生労働大臣が薬事・食品衛生審議会の意見を聴いて指定するものは「特定保守管理医療機器」として扱われる。また、設置にあたって組立てを要し、保健衛生上の危害発生を防ぐ目的で組立てにかかわる管理を必要とする医療機器で、厚生労働大臣が指定するものを「設置管理医療機器」という。

## (2) 医療機器が臨床使用されるまでの流れ

### ①医療機器の製造販売の承認プロセス

医療機器の製造販売は、これまで厚生労働大臣の承認が必要であったが、2014（平成26）年の医薬品医療機器等法の成立により、独立行政法人医薬品医療機器総合機構

表2-4 医療機器の修理区分

| 区分 | 修理区分 | 特定修理区分 | |
|---|---|---|---|
| 第1区分 | 画像診断システム関連 | 特管 | 非特管 |
| 第2区分 | 生体現象計測・監視システム関連 | 特管 | 非特管 |
| 第3区分 | 治療用・施設用機器関連 | 特管 | 非特管 |
| 第4区分 | 人工臓器関連 | 特管 | 非特管 |
| 第5区分 | 光学機器関連 | 特管 | 非特管 |
| 第6区分 | 理学療法用機器関連 | 特管 | 非特管 |
| 第7区分 | 歯科用機器関連 | 特管 | 非特管 |
| 第8区分 | 検体検査用機器関連 | 非特管 | |
| 第9区分 | 鋼製器具・家庭用医療機器関連 | 非特管 | |

(PMDA：Pharmaceuticals and Medical Devices Agency)や公益財団法人医療機器センター(JAAME：Japan Association for the Advancement of Medical Equipment)など民間の第三者登録認証機関(RCB：Recognized Certification Body)で基準に適合していると認証(第三者認証)されるだけで可能になった。クラスは、厚生労働大臣の承認が必要で、また販売にあたってはPMDAの認証が必要である(図2-5)。

それぞれのリスクに応じた審査方法がとられており、一般医療機器については届出制度となっている。管理医療機器については認証基準が定められている場合は第三者認証機関による認証が行われる。また、認証基準のない品目はPDMAの審査が行われる。

高度管理医療機器についてはPDMAの審査が行われるが、認証基準が規定されている場合は第三者認証機関による認証が行われる。また、PDMAにおける医療機器の製造販売承認申請の区分は次の3つとなっている。

**1)新医療機器**
すでに製造販売の承認を与えられている医療機器(当該新医療機器の承認の際、医薬品医療機器等法第23条の2の9第1項の規定により使用成績評価の対象として指定された医療機器であって、調査期間を経過していないものを除く。以下、「既承認医療機器」という)と構造使用方法、効果または性能が明らかに異なる医療機器をいう。

**2)改良医療機器**
「新医療機器」または「後発医療機器」のいずれにも該当しないものをいう。

**3)後発医療機器**
既承認医療機器と構造、使用方法、効能、効果及び性能等が同一性を有すると認められる医療機器であり、すなわち、既承認医療機器と構造、使用方法、効果及び性能が実質的

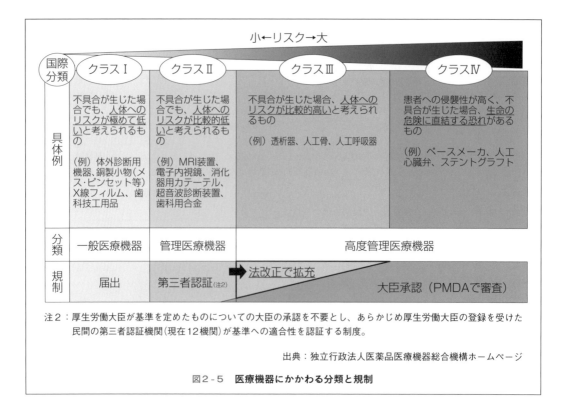

図2-5 医療機器にかかわる分類と規制

に同等であるものをいう。

**②保険診療で使用するためのプロセス**

医療機関で医療機器を保険診療で使用するまでには、医療機器メーカーによる製造販売許可を取得したうえで、保険診療で使用可能にするための「材料価格基準収載」のプロセスを経る必要がある(図2-6)。

健康保険法では、保険診療で使用可能な機器を規制している。医療機器が、保険適用を受けて診療報酬として算定されるためには、保険適用希望書を提出し、厚生労働大臣の指定を受ける必要がある。当該機器が原則として同一機能区分であれば材料価格基準に収載され、新機能や新技術にかかる場合には、臨床試験データを提出し、審査を受けることになる。

## (3)医療機器の保守・修理体制

従来、わが国の医療機関は医療機器の保守点検や情報収集、機器の故障や破損した場合の対応などをメーカーに依存し、医療機関では、医療機器の管理を含め、安全かつ効率的に使用するための努力を十分に行わない傾向にあった。

しかし、医療法の一部が改正され、医療機関は医療機器の安全使用を確保するための医療機器保守管理責任者の設置、従業者に対する医療機器の安全使用のための研修の実施、

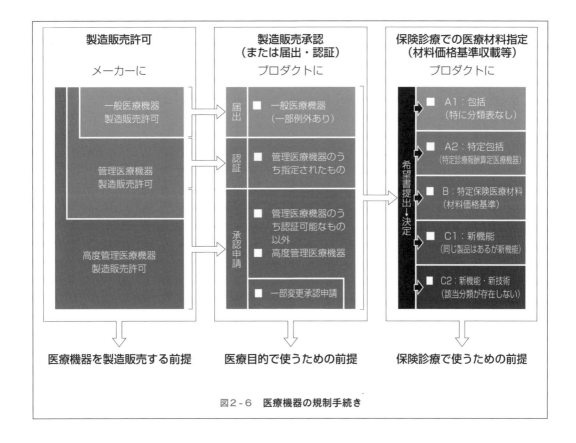

図2-6　医療機器の規制手続き

医療機器の保守点検に関する計画の策定と適切な実施、医療機器の安全使用のために必要となる情報の収集と安全確保を目的とした改善方策の実施が義務づけられた。そのため、医療機関では保守管理業務の充実を図る必要が生じており、医療機器の操作と管理の担い手である臨床工学技士の増員などが進められている。

現在、医療機関では医療機器管理室を中心に、医療機器を常に適正かつ最良の状態で使用できるよう、中央管理及び固定配置管理システムを構築している。中央管理では、人工呼吸器、輸液ポンプなど、貸出可能な医療機器を臨床工学技士が点検整備し、院内各部署に貸出を行っている。返却された医療機器は、その都度、念入りに点検整備し、再び貸出せる状態に保守を実施している。固定配置管理では、院内各部署に常時配置された移動困難な医療機器の点検整備を、医療機器管理室から臨床工学技士が出向いて実施する。

医療機関では、医療機器管理をメーカーなど修理業の許認可を受けた業者にアウトソーシングする方法や、院内で臨床工学技士を増員し医療機器管理を行う方法が考えられるが、医療機器の複雑性が増大していることに加え、臨床工学技士が不足している状況のため、今後ますます医療機器管理をアウトソーシングする医療機関が増加すると考えられる。

また、2007(平成19)年4月に薬事法が改正され、医療機器修理業は独立した業態となった。それと同時に、医療機器は「一般医療機器」「管理医療機器」「高度管理医療機器」「特定

保守管理医療機器（特管）と特定保守管理医療機器以外の医療機器（非特管）」に分類され、修理業は修理品に応じて、区分ごとに届け出を行うようになった。そのため、修理業によって、修理可能な医療機器は異なることから、医療機器の修理区分に応じて、修理業者を選択しなければならない。

## 5　医療機器をめぐる市場動向

### (1) 医薬品医療機器等法

　2014年11月25日に薬事法の大改正が行われ、法の内容の一部が改正されるとともに、法律の題名も「医薬品、医療機器等の品質、有効性及び安全性の確保等に関する法律」となった。改正された背景として、①医療機器の承認・許可に係る規定を医薬品の規定から独立させること、②安全性等に係る規定の強化、明確化を図ること——が挙げられる。

　薬事法は、その名の通り医薬品を中心とする法律で、従前、医療機器は医療用具と呼ばれ、カテーテルなどの医療用品、手術用メスなどの銅製小物、聴診器などの用具が主であったため、医薬品に準じた規制が行われてきた。しかし、医学や電子工学技術等の進歩により、心電計やペースメーカー、CT、MRIをはじめ医用電子機器・ME（Medical Engineering：医用工学）機器が次々と登場し、用具ではなく医療機器の種類が大幅に増えた。

　また、医用電子機器はパソコンなどと同様に、短いサイクルでバージョンアップされることが多く、医薬品と同じようにその都度、別品目として審査を受けたり、一部変更承認を得たりしていては上市するまでに長い時間を要してしまうため、医療機器の規制を医薬品とは別にして欲しいとの声が医療機器業界から高まった。さらに、医療機器は消耗材である医薬品と異なり、医療機器のレンタル業や販売後のメンテナンス業が生まれたため、医薬品に準ずる規定では対応しきれなくなった。

　加えて、医薬品等の販売製造後の安全対策も強化され、医療機器に係る安全対策の抜本的な見直し、市販後安全対策の充実と承認・許可制度の見直し、医療機関側からの報告制度など、医療機関とのより深い連携による医療安全の確保の必要性が盛り込まれた（図2-7）。

### (2) デバイスラグ

　医療機器においても、医薬品と同様に、海外で導入済の機器を日本では導入できないという「デバイスラグ」の問題がある。デバイスラグは「開発（申請）ラグ」と「審査ラグ」からなり、開発（申請）がなかなか進まないことが課題となっていた（図2-8、表2-5）。

　そこで、2014年の医薬品医療機器等法において、コンタクトレンズ、歯科インプラント、

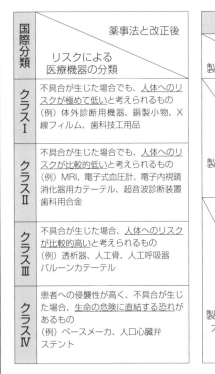
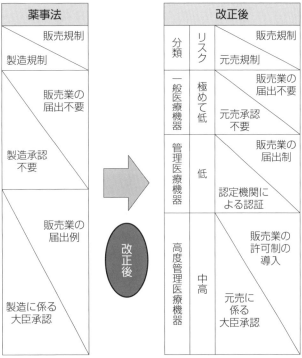

図2-7　医療機器にかかわる「カテゴリー」と「安全対策」の見直し

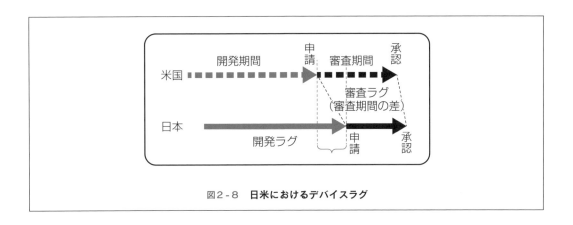

図2-8　日米におけるデバイスラグ

　インスリンペン型注入器などのクラスⅢの一部の機器は、管理用医療機器(クラスⅡ)と同様、民間の第三者認証制度を活用できることになった。これにより、PMDAは高リスクの医療機器の審査に集中でき、審査の効率化による迅速化が期待されている。
　また、PMDAでは審査人員の増加が図られ、医療機器の新規性の程度によって審査プロセスを明確にし、それぞれの区分ごとに専門の審査チームを設ける「3トラック審査制」

表2-5　デバイスラグの推移

|  | 2009年度 | 2010年度 | 2011年度 | 2012年度 | 2013年度 | 2014年度 | 2015年度 | 2016年度 |
|---|---|---|---|---|---|---|---|---|
| 開発ラグ | 3.0年 | 1.3年 | 1.8年 | 0.3年 | 1.2年 | 1.2年 | 0.8年 | 1.9年 |
| 審査ラグ | 0.0年 | 0.5年 | 0.2年 | 0.0年 | 0.0年 | 0.0年 | 0.0年 | 0.0年 |
| デバイスラグ | 3.0年 | 1.8年 | 2.0年 | 0.3年 | 1.2年 | 1.2年 | 0.8年 | 1.9年 |

開発ラグ：当該年度に国内で新規承認申請された新医療機器について、米国における申請時期との差の中央値。ただし、2012年度の数値は、一部変更承認を含む当該年度に承認した新医療機器の数値
審査ラグ：当該年度(米国は暦年)における日米間の新医療機器の新規承認の総審査期間(中央値)の差
デバイスラグ：開発ラグと審査ラグの和

が導入され、審査迅速化が図られている。

## (3)内外価格差

　医療機器の保険価格の設定に関連して、「内外価格差問題」が取りざたされることが多い。この問題は、日本の医療機器の公定価格が海外の価格よりも高いというものである。
　カテーテルや心臓ペースメーカーなどの医療機器市場では、外国製品のシェアが高く、日本製がほとんどないため、この価格差は医療費高騰の原因になっている。
　内外価格差は、海外との商慣習の違いが原因とする指摘もある。日本の医療機関、特に小規模の診療所などとの取引では、医師とMRの人間関係が重視され、MRは製品の技術的専門家として製品の説明をするほか、製品の使用にあたって立ち合いをして、医師の補佐をする役割を負っているが、しばしばこの役割は拡張され、医師の私的な用事を補助する役割も期待されているという実態がある。このような利用者の便宜を図りつつそれを武器として販促活動するからには、それ相応の経費が必要になるため、日本国内の価格を高く設定していると説明する企業もある。また、流通経路が複雑であるために、流通経費がかかるためともいわれている。
　2014年度診療報酬改定では、内外価格差の解消を目指して、外国平均価格調整における外国平均価格について、参照国間で価格の開きが大きいケースの取り扱いなどを詳細に定めるように変更し、特定医療保険材料の価格反映の適正化が図られている。

## 6　病院経営における医療機器の課題と取り組み

### (1)医療機器購入費の削減

　医療従事者は、最新で最高の医療機器の購入を要求する傾向にあるが、病院経営者側は長期的な医療機器の更新計画を立案し、本当に購入が必要か判断して医療機器を選定する

必要がある。

　医療機器の必要性を判断する際には、①医療機関における医療機器の適正配置（医療機関における当該機器の必要性、既存の医療機器との兼ね合いなど）、②新しい医療機器を導入した場合の経費削減の可能性（導入コストと、経費削減可能金額や効率性などとの比較検討など）、③医療の質の向上（提供サービス向上の可能性など）、④保険加点状況を踏まえた収益性の向上──などを検討する必要がある。医療機器購入手段については、レンタルやリースという選択肢もあり、それぞれのメリットとデメリットを考慮する。

　また、大型医療機器は高額であるため、共同購入等を通じて購入費用を削減する傾向にある。実際、グループ化した医療法人や大学病院では、地域ごとに連携して共同購入を実施し、医療機器購入費の削減を図っている。

## (2) ダウンタイムの削減による機会損失回避

　機器の点検や修理によるダウンタイム（機器が使用できない時間）には、通常得られる収入が得られなくなる。加えて、予備機器が必要となり追加コストが発生する可能性もある。そのため、日ごろから医療機器の保全を行い、故障しないようにし、故障したらただちに修理し、常に最良の状態にしておくなど、ダウンタイムの削減を図る必要がある。修理業によっては保守契約があり、24時間365日対応可能なものもある。

## (3) 高額医療機器を購入した場合の稼動目標設定

　高額医療機器を購入した場合、減価償却費が多額になり、医療機器を購入した部門が赤字化する可能性がある。そのため、投資を決定する際は、高額医療機器を購入した場合の減価償却費、経費及び人件費を算出し、損益分岐点を把握し、月当たり何件稼動すれば医療機器を購入しても黒字化が可能か、目標設定する必要がある。購入後は、その稼働状況を把握し、目標達成をめざすようにする。高度医療機器は、外来が休診となる週末に稼動が下がるため、東京都町田市では、効率的な活用をめざし、MRI、RI検査などを土曜日に実施する取り組みを2009（平成21）年度より開始している。

## (4) 医療機器の安全確保による賠償額発生の防止

　医療現場における医療事故の大部分は、医療従事者のヒューマンエラーであり、その原因は、医療従事者が医療機器の構造・原理や注意事項を把握せずに使用することや、保守点検が徹底されていないことなどが関係していることも多い。

　医療事故が起これば、数千万円以上の賠償金の支払いが発生する場合もある。さらに、医療機関のイメージを悪化させ、集患力に甚大な影響を及ぼすため、経営に大きなダメージを与える。そのため、保守管理に必要な人材を確保、あるいはアウトソーシングし、医療事故の防止を図ることが求められる。

# 3 医薬品卸とSPD

## 1 医薬品卸の役割

　医薬品の流通及び販売は、医薬品卸(医薬品卸売販売業者)を通して行われるのが一般的である。近年、再編統合の流れに乗って巨大化する傾向があり、2兆円の売上高を超える医薬品卸も存在している。
　医薬品卸の社員のなかで医療機関と接点を持つのは、主にDS(Delivery Specialist)とMS(Marketing Specialist)である。
　DSは医薬品の配送担当職であり、主に配送を担当する。医薬品卸の主たる機能は物流であると考えれば、その点では中核をなす業務である。これに対して、MSは医薬品卸の営業担当職であり、医療機関から注文を受けたり、緊急配送などの依頼に迅速に対応する。また、副作用情報を製薬会社とは異なる立場から提供しており、医療機関にとっては医薬品について相談できる身近な存在である。
　医療機関側からすれば、製薬会社のMRと医薬品卸のMSの活動は重複する部分があり、さらにMSの存在がわが国の医薬品費の高値の一因になっていることも指摘されている。
　近年、医療費抑制が政策課題に掲げられていることから、医療機関では取引する医薬品卸を集約化することによって、仕入れ価格を低下させる工夫をしたり、グループ内外の医療機関と共同購買することで、スケールメリットによる交渉力の増大をめざす取り組みが行われている。
　さらに、医薬品卸は販売や物流を担当するだけでなく、高付加価値をめざし、医業経営コンサルティングやSPD(病院における物品・物流管理)のようなサービスを提供することが多い。

## 2 SPDの概要

　本節では、医薬品卸の事業者が手がけることが非常に多いSPDについて概説する。
　SPDとは「Supply Processing and Distribution」の略称であり、「病院における物品・物流管理」を指す用語として使われている。医療提供に密接な業務であり、かつ外部委託可能な業務としてアウトソーシングが進められている。

そもそもSPDは、1966（昭和41）年にアメリカの医療コンサルタントが、病院の物流効率化策として提唱したことに始まる。この構想は「注射器などの医用材料、鋼製小物と呼ばれるメスや外科用ハサミ、ガーゼなどの滅菌再生物などの院内物品の購買、在庫、配送供給、回収などの管理と実施」とされてきたが、日本において正確に対応する訳語はなく、共通の理解を得られた業務としては確立していない。そのため「病院における物品・物流管理」全般を示す用語として用いられており、特に現在ではアウトソーシングの際に用いられることが多くなっている。

実際、日本では1980年代の「設備」に関して、この概念をうかがうことができる（図2-9）。病院建設時の物品搬送の観点から、広義な意味でのSPDという概念が登場し、院内での物品供給の省力化に貢献するようになった。具体的には、ケースコンベア、カセットコンベアなどの整備、自動搬送設備（自走台車、単管往復式気送管など）の導入などである。

1980年代後半から1990年代に入ると、「購買」の側面が強くなってくる。このころから、SPDは外部受託業者を交えた物品の供給に関する「仕組み」として動き出す。医療材料を中心としたコスト管理の側面から、病院としても購買とそれに連動する在庫・使用状況を可視化して効率的な運用をめざすようになり、外部受託事業者はその専門性をもって供給に関するシステムを提供するようになった。

2000年代に入ると、その領域はさらに「物流」へと広がっていく。医療材料のみならず医薬品管理の傾向が強まり、対象物品や人員が拡大していき、SPDは病院のマネジメントの一部へと役割を変化させる。搬送業務全体の最適化という観点から、医療材料や医薬品に加えて検体、ME機器、リネンなどを視野に入れた物流のあり方がこれに当たる。

図2-9　SPDの変遷

## 3 SPDの現状と留意点

SPDのアウトソーシングを考えると、物品・物流管理を内部で行うか、外部に委託するかの意思決定が必要であり、そのポイントは支払方法と委託目的に分けて考えることができる。

支払方法は大きく分けて、①業務委託方式（SPD事業者に対して業務の対価として委託料金を支払う方法）、②売買差益還元方式（SPD事業者から物品を購入することで、SPD事業者が業務対価をメーカー、ディーラーとの差益〈マージン〉に依存する方式）——の2つの方式がある。

①の方式は、各医療機関の交渉力が優れている場合や、既存の人件費よりも業務委託費用が安価であり、業務委託により人員の最適配置が行える場合に適している。

②の方式は、従来の医療機関の購入単価と同額（あるいは、それ以下）でSPD事業者が引き継ぐケースが多いことから、新規の業務委託費用が発生しないというメリットがある。

また、近年では、SPD事業者による価格交渉によって、その成功報酬を前提とする手法を用いる事業者もある。

委託目的としては、①医療材料費の削減、②物品管理業務の省力化、③在庫費用の適正化、④使用データの管理、⑤院内スペースの活用——などが挙げられる。これらの目的に、医療機関の制約条件（倉庫スペース、立地条件、対象物品、供給頻度など）を照らし合わせたうえで、各医療機関に適したSPDのアウトソーシングを考えることが必要になる。

SPDに関する運用・目的は、該当する医療機関の状況・方針に応じて異なるものであり、最適なSPD事業者も、その状況・方針によって異なることに留意したい。

## 4 SPDの課題と展望

医療費適正化が強く求められる状況で、SPD事業者はより一層その専門性を求められるようになってきており、医療機関にとって不可欠なパートナーになりつつある。

1990年代の潮流では、コスト管理に必要なデータの提供は医療機関の管理会計へつながり、さらに複数の医療機関にまたがった購買力によって共同で物品を選定・購入するという展開をみせた。2000年代の潮流では、院内の物流管理の最適化手法が、手術室での準備作業にも展開され、医師、看護師、臨床工学技士などが本来の業務に専念できる体制づくりができるようになった。

その一方で、いまだ成熟へと向かう段階であるため、医療機関側の使用材料・運用方法の標準化が不十分であることや、外部受託業者として在庫管理ができておらず、十分に機能していない例も生じている。必要事項を盛り込んだ契約書や、適切な業務仕様書の整備、モニタリングなどが、これらの問題点を解決していくと考えられる。

# 4 共同購入

## 1 医療機関における共同購入

　医療機関における共同購入とは、複数の医療機関がまとまって製品を購入することにより、購入数量の拡大を図り、卸売業者及びメーカーから最適価格にて製品を購入する方法である。

　たとえば、インターネットで目にする食材、衣料品などの共同購入においては、売り手が数量に応じて販売価格を決めて、買い手を募っている。これに対して、医療機関における共同購入は、買い手が購入数量をまとめることにより、売り手の販売価格を最適価格に近づけるものである。

　医療機関における共同購入において最適価格を引き出すためには、売り手である卸売業者及びメーカーにメリットが出るように買い手が努力する必要があり、また共同購入を成功させるためには、共同購入に参加するすべての医療機関がメリットを享受できるようにする必要がある。

## 2 共同購入のねらい

　医療機関においては、各々の医師が、さまざまなメーカーの製品を使用していることが多い。共同購入によるスケールメリットを活かすためには、複数の同種同効製品を1つにするなど、製品を絞り込むことが重要である。

　さらに、共同購入に参加するすべての医療機関にメリットが出るようにする必要がある（最低でも、デメリットが出ないようにする必要がある）。

【例1】

|  | Dメーカーd製品 | Eメーカーe製品 |
|---|---|---|
| A病院 | 600個 | 0個 |
| B病院 | 400個 | 400個 |
| C病院 | 200個 | 500個 |

※d製品とe製品は同種同効製品

　A、B、C各病院において共同購入を実施しても、d製品(1,200個)、e製品(900

個)と数量を単に集約しただけでは、卸売業者及びメーカーの販売数量に変わりがないため、最適価格が提示されることはない。

最適価格を引き出すためには、A、B、C各病院で調整し、d製品とe製品との合計2,100個を、d製品またはe製品のどちらかに極力絞り込むことにより、売り手である卸売業者及びメーカーにメリットが出るようにしなければならない。

【例2】

| 施設 | 病院個々に購入した場合 ||| 共同購入により購入した場合 |||
|---|---|---|---|---|---|---|
| | 単価 | 数量 | 合計 | 単価 | 数量 | 合計 |
| A病院 | 95円 | 150個 | 14,250円 | 97円 | 150個 | 14,550円 |
| B病院 | 100円 | 100個 | 10,000円 | 97円 | 100個 | 9,700円 |
| C病院 | 105円 | 50個 | 5,250円 | 97円 | 50個 | 4,850円 |
| | | 300個 | 29,500円 | 97円 | 300個 | 29,100円 |

共同購入により購入した場合、A、B、C各病院の総額をみると、病院個々に購入した場合よりも、400円安く購入できる。しかし、病院ごとにみた場合、B病院は300円、C病院は400円安く購入できるのに対し、A病院はA病院のみで購入した場合よりも300円高く購入しなければならない。そこで、共同購入数の最も多いA病院にデメリットがないようにしなければならないが、解決策として、A病院の単価95円に全体数量の300個を掛け合わせた28,500円を予定価格に設定したうえで、競争入札を行う方法などがある。

## 3　共同購入の現状と課題

次に、医薬品、診療材料、医療機器及び事務用品等の共同購入における現状を述べる。

### (1) 医薬品の共同購入

現在、国立病院機構をはじめとするグループ病院などで、医薬品の共同購入が行われている。

一般に医薬品は、製薬会社から卸売業者が購入した医薬品を医療機関に販売する形式を取っており、原則として、卸売業者は製薬会社から購入した金額以下で医療機関へ販売することはない。卸売業者から医薬品を購入している限り、価格削減効果はほとんど見込めない。そこで、一部のグループ病院等においては、後発医薬品(ジェネリック医薬品)を卸売業者を介さずに製薬会社から直接購入する動きも出てきている(図2-10)。

各医療機関の特性(急性期か慢性期か、専門病院か総合病院かなど)により、医薬品の種類、購入数量は大きく異なる。前述した「例2」で示したとおり、参加するすべての医療機関が損をしない仕組みを確立する必要がある。

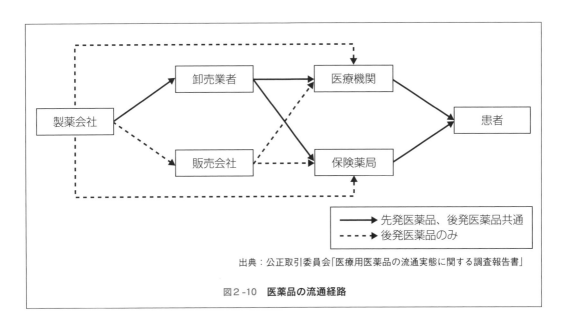

図2-10 医薬品の流通経路

## (2)診療材料の共同購入

　診療材料の共同購入は、医薬品と比べて進んでいないのが現状である。その主な理由は、①医薬品と異なり全国規模の医療機関に納品できる卸売業者がほとんどないことから、物流体制の確保が難しいこと、②SPDの導入に伴い、契約しているSPD事業者からのみ診療材料を購入する一括供給方式を採用する医療機関が増えていること——などが考えられる。これらの問題を解決するため、近年では、日本版GPO[*1]設立の動きも出てきているが、まだ広く普及しているとは言い難い（図2-11）。

　日本においては、米国版GPOが果たしている機能（価格交渉機能等）の大部分を卸売業者が担っているからである。しかしながら、GPOは、価格の根拠が透明かつ明確であること、流通部門の効率化を促進すること、医療機関の価格交渉コストを大きく下げることなど、メリットも大きいことから、今後、日本においてもGPOのような組織が登場し、拡大していくものと思われる。

　診療材料も医薬品と同様に、各医療機関の特性により、診療材料の種類、購入数量は大きく異なる。40ページの「例2」で示したとおり、参加するすべての医療機関が損をしない仕組みを確立する必要がある。

---

[*1] GPO：Group Purchase Organizationの略。アメリカの医療市場でみられる、医療機関と医療製品・医薬品を製造・販売する企業とを結ぶ医療共同購買会社。

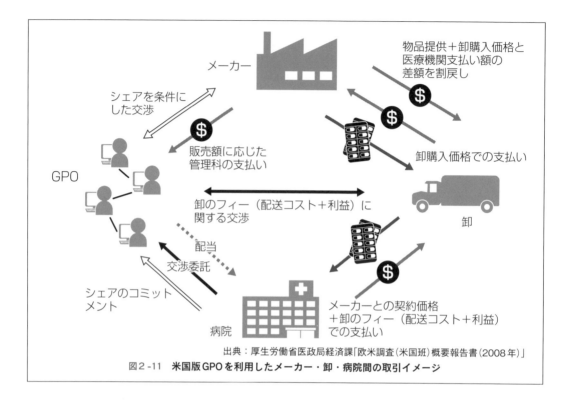

出典：厚生労働省医政局経済課「欧米調査（米国班）概要報告書（2008年）」
図2-11　米国版GPOを利用したメーカー・卸・病院間の取引イメージ

## (3) 医療機器の共同購入

　近年、国立病院機構、労働者健康安全機構、日本赤十字社などのグループ病院が、CT、MRIなどの高額放射線医療機器の共同購入を実施している。医療機器は、医薬品、診療材料と異なり医療機器メーカーが直接販売しているため、故障時の保守メンテナンス体制さえ確立されていれば、安定供給のための納品体制を考慮する必要はない。
　ただし、共同購入によってメーカーから最適価格を引き出すためにはメーカーを絞り込む必要があり、共同購入に参加した医療機関の希望するメーカーの製品が購入できるとは限らないというデメリットもある。

## (4) 事務用品等の共同購入

　事務用品等の共同購入は、医薬品、診療材料等とは異なり利用者のこだわりが少ないことから、非常に共同購入に向いているといえるかもしれない。しかしながら、製品を絞り込み、数量を集約しても大幅な価格削減にはつながらないことが多い。
　そこで近年、一部のグループ病院においてリバースオークション（競り下げ方式）という手法を用いた共同購入が実施されている。リバースオークションとは、買い手が購入する商品やサービスについて、調達条件（仕様）を提示し、複数の売り手がインターネットを介して価格を一定時間の間に何回でも提示し、その結果、最も安い価格を提示した相手を選

定するという取引方法である。ただし、最適価格にて購入する（適正な価格競争を成立させる）ためには、売り手の自由な参入を促す調達条件（仕様）の作成に時間と手間が必要である。

## 4 共同購入成功のポイント

　共同購入を成功させるためには、①製品を絞り込むこと、②共同購入に参加するすべての医療機関にメリットが出るようにすること、③決定した医薬品、診療材料、医療機器などを必ず使用するという院内の合意を形成しておくこと、④売り手の自由な参入を促す調達条件（仕様）を作成すること――などが必要である。そのためには、医療機関内部（当該医薬品、診療材料、医療機器などを実際に使用する医師やその他のメディカルスタッフ）との事前調整が重要であり、また共同購入を推進、取りまとめる部門の強い意志が必要である。

　共同購入を実施する場合には、SCM（Supply Chain Management）を念頭において進める必要がある。SCMとは、資材の調達から最終消費者に届けるまでの部品の調達、生産、販売、物流といった業務の流れを、1つの大きな供給の鎖（チェーン）としてとらえたものである。全国に医療機関が分散している場合は、安価に購入できたにもかかわらず、各医療機関への納入体制が整っていないことにより、流通コストが余計にかかる場合がある。

　医療機関における共同購入というと、医薬品、診療材料、医療機器など、支出総額に占める割合の大きいものに目が向きがちであるが、事務用品など、こだわりが少ない物品について、共同購入による購入価格の削減を図っていく必要もある。

第2章 さまざまな医療関連産業の動向と展望

#  病院情報システム

## 1 発展拡大する病院情報システム

### (1) 病院情報システムの歴史

　病院情報システム (HIS : Hospital Information System) は、病院業務を円滑に効率よく、またサービスの向上に寄与すべく発展してきた。歴史的には、図2-12のとおり大きく4世代を経て、さらに発展拡大している。

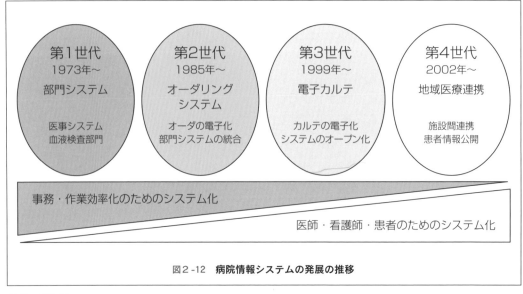

図2-12　病院情報システムの発展の推移

①第1世代
　第1世代は1970年代ごろからで、病院業務のなかでも特に事務量が増大していった保険請求事務や、少量の検体から多くの情報を得ることができる検体検査の発展に応じて、大量のデータを効率よく処理する必要が出てきたため、先進的な病院で医事課や検査部など部門単位にコンピュータが導入されていった。

②第2世代
　第2世代は1980年代後半に、オンライン・リアルタイム・システムが普及期に入り、

第1世代の部門単位のシステムから、医師のオーダリングを中心にデータ連携するシステムが導入されていった。効果の大きい処方、検体検査など、大量の情報・物品が行き交い、個々の項目が診療報酬制度などで標準化されているものからオーダリングシステムが開発され、オーダリングの種類は段階的に拡張されていった。

③第3世代

第3世代は、1999（平成11）年に厚生省（当時）から「一定の条件を満たせば電子カルテの導入を認める」という通知がなされたことから電子カルテの導入が進んだ。電子カルテは国のIT戦略にも取り入れられ、強力にシステム開発が進められていった。さらにパソコンの価格低下、インターネット技術の活用といった技術面での環境整備による寄与も大きい。

④第4世代

第4世代は第3世代と前後するが、中核となる医療機関を中心に地域連携を推進していくなかで、情報ネットワークの活用が進められている。医療資源（ヒト・モノ・カネ）が有限であること、地域に偏在していることなどから、今後一層の発展が期待されているところである。

## (2)病院情報システムの現状と留意点

情報システムの導入当初は、業務の合理化、省力化に注力されてきたが、近年ではむしろ安全性の確保、情報の共有といった業務品質の向上を目的に導入されている。そのため、システム導入は経営戦略との整合性を確保する必要があり、検討する事項は格段に広がり、深くなっている。また、システム導入の効果を測定するためには、人件費の削減や待ち時間の短縮といった定量的な評価だけでなく、定性的な評価も欠かせなくなってきている。

## (3)医療情報の扱い

個人情報保護法が2005（平成17）年に完全施行され、国民の個人情報の意識が高まるとともに、情報の扱いに格段の注意を要するようになった。従来から、医療は非常にセンシティブな情報を取り扱うため十分な注意を要したが、個人情報保護法施行後は情報漏えい防止やプライバシー保護から、情報のコントロール権は患者にあるという認識を持つことが医療者として特に大切である。また、個人情報保護の理念は、プライバシー保護だけでなく、個人情報の利活用も含まれる。

病院情報システムが扱う情報も例外でない。経営の観点からみても大きなリスクがあり、しっかりした管理が要求される。

なお、2017（平成29）年には改正個人情報保護法が全面施行された。これにより、規模の大小を問わず、すべての医療機関が個人情報取扱事業者として同法の適用対象となった（改正前は5,000件以下の個人情報を取り扱う事業者は適用除外）。

## 2　病院情報システムの導入

ここで、病院情報システムの導入に当たって検討するために欠かせない事項を列挙する。

### (1)システムの形態

**①独自開発**

自院内にシステム開発部門、あるいは関連会社にシステム開発・保守部門などを持てるだけの経営的余裕のある医療機関では、自院に適したシステムを構築し運用することが可能である。

**②パッケージシステム**

パッケージシステムをシステムベンダー[*1]から購入して導入するタイプである。この場合、パッケージに組み込まれた機能を比較的短期間で導入でき、リスクも小さい。しかし、病院の業務をパッケージシステムに合わせる必要があり、導入組織にプロジェクト体制の整備とリーダーシップが必要である。不足しているスキルは外部のコンサルタントを活用するなどの方法も検討する必要がある。

**③クラウド・コンピューティング**

クラウド・コンピューティングとは、①、②と異なり、自院の施設に設備を置かず、インターネット等を介してコンピュータセンターのシステム・サービスを利用する方法である。医療以外の分野でクラウド・コンピューティングを導入する動きが加速している。システムの維持管理などの必要がなくなり、常に最新の状態で利用できるが、患者情報、経営情報が外部保管されることから、情報漏えいや他のサービスへの切り換えが困難であるなど、別のリスクも発生する。とはいえ、コンピュータシステムの導入費用や総経費(TCO：Total Cost of Ownership)に占める維持・管理費用の増大化の抑制、リスク転嫁の観点から、近い将来、3番目の選択肢として注目され普及が進むだろう。

### (2)セキュリティ

**①個人情報保護**

1980(昭和55)年にOECD(経済協力開発機構)によって以下の8原則が定められた。これに基づくセキュリティポリシーの策定が重要である。当ポリシーに基づいた運用の整備、システムの導入が肝要となる。

・収集制限の原則：個人情報は、適法・公正な手段により、かつ情報主体に通知または同意を得て収集されるべきである。

・内容の原則：収集する情報は、利用目的に沿ったもので、かつ正確・完全・最新である

---

[*1] システムベンダー：あらかじめ定めた業務手順に基づいてつくられたシステムをパッケージシステムというが、比較的大手のメーカーが開発したシステムを、そのままか一部を変更して提供する販売会社。

べきである。
- 目的明確化の原則：収集目的を明確にし、データ利用は収集目的に合致するべきである。
- 利用制限の原則：主体の同意がある場合や法律の規定による場合を除いて、収集した情報を目的明確化の原則により明確化された目的以外に利用してはならない。
- 安全保護の原則：合理的安全保護措置により、紛失・破壊・使用・修正・開示等から保護すべきである。
- 公開の原則：収集の実施方針等を公開し、情報の存在、利用目的、管理者等を明示すべきである。
- 個人参加の原則：データ主体に対して、自己に関する情報の所在及び内容を確認させ、または異議申立を保証すべきである。
- 責任の原則：情報の管理者は諸原則実施の責任を有する。

②医療・介護関係事業者における個人情報の適切な取扱いのためのガイダンス

個人情報保護法では、生者のみが対象となるが、医療においては遺伝子情報など死者の個人情報も重要であることから、死者を含めることとされている。

さらに、遺伝学的検査等により得られた遺伝情報については、UNESCO国際宣言や関係団体等が定める指針を参考とし、特に留意する必要があるとしている。

③医療情報システムの安全管理に関するガイドライン

②と対になるものであり、医療機関などで情報システムを導入する際の技術指針についてのガイドラインである。定期的に内容を見直しており、現在は2017年5月の第5版が最新である。電子的な医療情報を扱う際の責任のあり方や、電子保存の3基準（真正性、見読性及び保存性の確保）への対応などについて解説している。

## (3)マルチベンダー

病院情報システムは、医事・オーダーリング・電子カルテシステムといった基幹システムと、臨床検査システムなど、多くの部門システムで構築されることが多く、それぞれに専業のメーカーがあり、これらを組み合わせてシステムを構築している。これをマルチベンダーという。うまく組み合わせれば安価に効率のよいシステムとなるが、障害時の切り分けが困難であったり、システム間でマスターが異なっていたりして、メンテナンスに負担がかかることもある。

コンピュータシステムはパッケージ化が進み、中小病院であれば電子カルテシステムであっても数か月で導入することが可能となってきた。しかし、パッケージでカバーされているのは基本的な範囲にとどまっている（例：放射線画像システムは別の専業メーカーに依頼しなければならないなど）。そのため、複数のシステムを組み合わせるといった技術が必要となり、複数のシステムを統合する業者（SI：System Integrater）を活用する方法もある。

## (4)医療情報関連サービス企業

### ①ITベンダー

　ITベンダーには、大手メーカーから、中小専業メーカーまで多くの業者が存在する。また、大手でも比較的大幅な改造を許す業者から、パッケージどおりの導入しか認めない業者もあり、自院の要求に合ったベンダーを選択する必要がある。

### ②部門システム

　部門システムは、①放射線画像情報システム、生体検査システム、臨床検査システム、内視鏡システムといった検査系システム、②栄養システム、薬剤システムといった供給を伴うシステム、③物流システム、財務システム、人事システムといった事務系システム──の3つが代表的である。

　なお、部門システムは、基幹システムとなる電子カルテやオーダシステムとどのように接続するかがポイントとなる。新設の医療機関であれば、新しい機器を同時に導入することは比較的容易であるが、既存の医療機関では古い機器を所有しており、接続するためには機器を更新しなければならない場合もある。したがって、投資金額がかさみがちであり、コンピュータシステムを接続する仕組みづくりや、手順が標準化されていないと接続するために再度買い換える必要が生じるなどの問題をはらんでいる。そのため、情報戦略は中長期的な視点で策定したうえで、1年単位の具体的な計画に落とし込む必要がある。

### ③ITコンサルタント

　総合コンサルタントから医業限定のコンサルタントまで、対応する範囲は多岐にわたるが、費用も比較的高額であり、自院の組織の成熟度、課題などに照らし合わせたうえで依頼する範囲を慎重に選択する必要がある。特に、コンサルタントの業務終了後に、ITシステムを維持していくうえで必要なコンピテンシー[*2]を育成していく必要があり、自院のスタッフが成長していることが望ましく、中長期的視点に立った戦略的発想を持ち、計画していくことが肝要である。

### ④派遣業者

　一般的な事務業務の派遣、医事請求を専業とする派遣、コンピュータシステムの派遣など、業務範囲によって派遣業者が異なることから、適切な選択が必要となる。契約の際には、守秘義務契約等の条項をしっかり確認することが大切である。

---

[*2] コンピテンシー（competency）：職務に対して期待される業績を安定的・継続的に達成している人材を観察して、一貫してみられる行動・態度・思考・判断・選択などにおける傾向や特性のこと。

## 3 病院情報システムの課題と展望

### (1)セキュリティ

デジタルデータは編集・保存・運搬・伝達が容易である。そのため、利便性の高さと相まって大量のデータが流出するといったリスクが生じる。このようなリスクを識別し、評価し、対策を講じる必要がある。そのうえで、組織的・物理的・技術的観点の対策と、利用する人の意識の向上が欠かせない。

### (2)電子カルテシステム

真正性・見読性・保存性と併せて、運用ルールを確立する必要がある。IT導入時にはシステムの機能に目が向きがちであるが、運用方法、セキュリティポリシー[*3]を定め運用することが大切である。

### (3)ネットワーク基盤

#### ①マイナンバー、医療分野の個別法の整理

高度情報化社会と謳われてから久しいが、医療は非常にセンシティブな情報を扱うことから、施設間あるいは医療機関と患者間の情報のやりとりにはもっぱら紙(書類)を用いてきた。近年、セキュリティ技術の向上、通信網の高速化や電子機器の集積度の向上によって、このようなセンシティブな個人情報をやりとりするための法整備・インフラ整備が進められてきている。

#### ②認証局

医療機関などが相互に連携するには、通信相手の身分を保証する認証局と、暗号手順の標準化など基盤の整備が必要であり、利用できる環境が整いつつある。

### (4)標準化

システム間のデータの相互運用、機器間の接続、さらには病院間でのやりとり(運用)で標準化は欠かせない。そのため、疾病名の標準化、機器間のデータ形式の標準化、ワークフローの標準化が、世界、国、業界など、あらゆるレベルで進められている。ここでは代表的なものを紹介する。

#### ①DICOM(Digital Imaging and Communication in Medicine)

CT、CR(コンピュータX線)などで撮影した医用画像のフォーマットと、それらの画像を扱う医用画像機器間の通信手順を定義した標準規格のことである。検査機器の更新期には、DICOMを意識した計画が必要になる。

---

*3 セキュリティポリシー:セキュリティに関する基本原則。

## ②HL7(Health Level Seven)

　医療情報交換のための標準規約で、患者管理、オーダ(指示)、照会、財務、検査報告、マスターファイル、情報管理、予約、患者紹介、患者ケア、ラボラトリー・オートメーション、アプリケーション管理、人事管理などの情報交換を取り扱う。これもDICOMと同様に検討する。

## ③ICD-11 (International Statistical Classification of Diseases and Related Health Problems Revision11：国際疾病分類第11版)

　異なる国や地域から、異なる時点で集計された死亡や疾病のデータの体系的な記録、分析、解釈及び比較を行うため、世界保健機関憲章に基づき世界保健機関(WHO)が作成した分類であり、疾病だけでなく医療全般の分類が含まれる。

　WHOは約30年ぶりとなる全面改訂を行い、2018(平成30)年6月にICD-11を公表した。今後、各国ではガイドライン作成や翻訳などの作業が進められ、2019年以降、ICD-11が導入される見込みである。

## ④IHE (Integrating the Healthcare Enterprise：医療連携のための情報統合化プロジェクト)

　業務シナリオに沿った情報システムを導入することで、ベストプラクティス*4の活用が可能となる。さらに機器同士の接続テスト(コネクタソン)を実施している団体名は、システム導入・更新の際に検討するフレームワークとしても参考になる。

　また、2010(平成22)年2月に厚生労働省において保健医療情報分野の標準規格として8つのマスター等規格が定められ(その後、改正され2018年5月時点で厚生労働省標準規格は下記17種類となった)、今後、医療機関等でデータの連携をしていくうえで欠かせなくなるだろう。システム導入・更新時にはこれら標準規格を確認することが重要になる。

- HS001　医薬品HOTコードマスター
- HS005　ICD10対応標準病名マスター
- HS007　患者診療情報提供書及び電子診療データ提供書(患者への情報提供)
- HS008　診療情報提供書(電子紹介状)
- HS009　IHE統合プロファイル「可搬型医用画像」およびその運用指針
- HS011　医療におけるデジタル画像と通信(DICOM)
- HS012　JAHIS(一般社団法人保健医療福祉情報システム工業会)臨床検査データ交換規約
- HS013　標準歯科病名マスター
- HS014　臨床検査マスター
- HS016　JAHIS放射線データ交換規約
- HS017　HIS(病院情報システム)、RIS(放射線科情報システム)、PACS(画像保存通信システム)、モダリティ間予約、会計、照射録情報連携指針(JJ1017指針)

*4　ベストプラクティス：最も効率的な手法によって、望ましい結果を得られること。

- HS022　JAHIS処方データ交換規約
- HS024　看護実践用語標準マスター
- HS026　SS-MIX2ストレージ仕様書および構築ガイドライン
- HS027　処方・注射オーダ標準用法規格
- HS028　ISO22077－1：2015保健医療情報－医用波形フォーマットーパート1：符号化規則
- HS031　地域医療連携における情報連携基盤技術仕様

## (5) クラウド・コンピューティング

　前述したように、パソコンやスマートフォンの普及、さらにはクラウド・コンピューティングによる成功例(エコポイントのシステム構築)などをみていると、クラウド・コンピューティングの普及期は予想を上回り早くなるかもしれない。そのため、民間事業者等の設備を利用することも踏まえた情報戦略を考えていく必要がある。

## (6) ICTの発展

　人工知能(AI：Artificial Intelligence)は機械学習がブレイクスルーとなり、急速に発展を見せている。また、IoT(Internet of Things)の進化・普及により、さらに細かい単位(大きさ・時間等)でデータ収集が可能となってきた。これらの技術動向と適用事例を収集・分析することは、医療分野においてもより重要となっている。

## (7) 情報戦略の策定(部分最適から全体最適、地域の最適化へ)

　コンピュータシステムの導入は、当初の業務の合理化・省力化から、情報利活用・安全管理といった情報を高度に利用するステージに移ってきた。また、地域連携など広がりを持ったシステムの構築も進んでいる。そのため、医事課業務の省力化といった部分最適から病院全体、そして地域の最適化へと考えを進める必要がある。つまり、病院の課題を解決するための、あるいは地域の課題を解決するためのコンピュータシステムの導入である。これは経営戦略に沿った情報戦略の策定が必要になるということでもある。

## (8) 人材の育成

　病院情報システムが導入され始めたころは、専門家によって構築・導入されてきたが、パッケージシステムとなってからは、容易に導入することが可能となってきた。そのため、コンピュータシステムを構築するスキルから、いかにシステムを活用するかを考えるスキルを問われるようになってきている。今後は、課題を抽出し定義できる人材、プロジェクトをマネジメントできる人材がより重視されるようになる。さらには、集約された膨大なデータ(ビッグデータ)を分析・評価する人材(データサイエンティストなど)が求められて

いる。また、すでに情報システム部門を持っている組織では、既存要員の再教育が必要となるだろう。

## 4 システム導入事例

### (1)大学病院のケース

　東京都内のA大学病院では、1986（昭和61）年に新病院に変わるのと同時にオーダリングシステムを構築した。当時は先進的なシステムであったが、大型汎用コンピュータにシステムを構築したことから費用がかさんだ。また、オーダの種類（処方、注射など）を実装するのに半年から1年、さらにフルオーダ化するのに数年を要した。

　システム能力が不足することから、完成までに何度かコンピュータのリプレース[*5]をせざるを得ず、攻めの投資から守りの投資となり、システムの成長スピードは減速した。大型汎用コンピュータは維持・管理経費も高額であり、他の関連病院に展開することはできず、抜本的なシステムの再構築はできなかった。結果的には、部分最適にならざるを得ず、部門の要求に応じて改修するだけで、経営陣には具体的な効果がみえないと評価されただけではなく、患者サービス向上にも限界があった。

　システムの老朽化も進み、抜本的な再構築が不可能なことから、次期システムは、比較的安価なコンピュータシステムを組み合わせて、利用者側に普及しているパソコンを利用したクライアント／サーバー型のシステムで構成されたパッケージシステムを導入することとした。最大の効果は、①インターネット技術を中心とした業界標準の仕様で構築できるようになり、部門システムの接続が容易になったこと、②パソコンの能力を活用することでサーバーと負荷を分散し、能力の増強が容易になったこと、③画像などの表示も可能となり、放射線画像システムと連動して画像・波形・シェーマ（図式）を表現できるようになったこと――などである。

　また、パッケージになったことから、システムメンテナンスコストが圧縮できた。しかし、その一方で、マルチベンダーでパッケージを組み合わせて構築されていることから、障害時の切り分けが困難になった。また、改造の際に多額の費用を要することになり、結果として優秀な職員のスキルを失うことになったことは重要な課題といえる。これまでの流れをまとめたのが表2-6である。

### (2)地域中核病院のケース

　東京都内にある100床未満の地域中核病院では、従来の医事システムのパッケージから、クライアント／サーバー型による電子カルテパッケージシステムと放射線画像情報システ

---

*5　リプレース：コンピュータシステムを、既存のものから、同等以上の機能を持つものに変更すること。

ムを構築した。導入期間はメーカー選定後3か月と、短期間で稼働している。その成功要因は、パッケージをノンカスタマイズ（一切の修正をしないこと）で構築したことが大きい。

まだ大病院などでの導入は難しいかもしれないが、今後はこのようなノンカスタマイズ、あるいは最小限の改造で済ます病院も増えてくるだろう。

表2-6　A大学病院におけるシステムの変遷

|  | 特徴 |
|---|---|
| 汎用機の時代<br>1986～2004年 | ・開発重視：プログラミング技術の習熟<br>・部分最適（現場との関係重視：担当制）<br>・コスト重視（省力化の道具、内部工数〈作業人員数にかかる時間を乗じたもの〉による経費の潜在化） |
| クライアント/サーバー型の時代<br>2004年～現在 | ・パッケージ活用：企画・運用・広報重視<br>・院内全体最適：経営方針と整合性のある情報戦略の策定・実行<br>・成果重視（定量評価から定性評価、インフラ、成長力） |
| 近未来<br>20XX年 | ・ITサービス活用：システムのアウトソーシング化<br>・地域全体最適：地域、患者<br>・高次の成果重視：連携、協調、分担 |

第2章 さまざまな医療関連産業の動向と展望

# 6 病院建築

## 1 病院施設整備とコスト

　近年、世界的に見ても医療費の増大が課題となっており、わが国でも例外ではない。各病院は国の医療費節減の施策により収支均衡した厳しい経営を迫られているのが実情である。そのような状況下で医療技術は進歩・変容しており、それに対応するためには新たな施設整備が伴わざるを得ない。

　医療経営は、社会の経済の動きと密接に関係する。特に施設整備に回る費用は景気の影響を敏感に受ける。好景気時には諸物価は高騰するが、医療費単価はそれにリアルタイムで追随していくわけではないからである。最近でこそ老朽化の改善・耐震化などの促進で各種補助金が考慮されているが、オイルショック時やバブル景気のときに顕著なように、景気がよくなると施設整備事業は停滞しがちである（図2-13）。施設整備費・ランニングコストを含めたライフサイクルコスト（LCC：Life Cycle Cost）[※1]を適正にコントロールすることは病院経営にとって重要な課題だといえる。

　そこで本節では、よい病院建築を適正なコストで実現するための手法について述べる。

## 2 設計・施工者不信の現状

### (1) 建築にかかわる3つの役割

　建築には、大きくとらえて発注、設計、施工の3つの役割がかかわっている。

　建築したい人がどのような建物にするかを自分で考えて、自分で建築すればすべての役割を一人で完結できる（事実、マイホームを自分でつくる例は数多くある）。しかし、建物の規模が大きくなり、特に病院建築のように、電気・空調・衛生・エレベーターなど技術面でも複雑、高度に専門化した工事を伴う建物では、それぞれの役割を分離・分担せざるを得ない（「設計施工」という発注法もあるが、いわば契約上の括りであって役割としては

---

*1　ライフサイクルコスト：訳語として製品・建築物などの生涯費用。建設では企画・設計に始まり、竣工・運用を経て、修繕・耐用年数の経過により解体・処分までを建設の生涯とし、その間の初期建設費、エネルギー費、保全・改修・更新費などのランニングコストによって構成される。

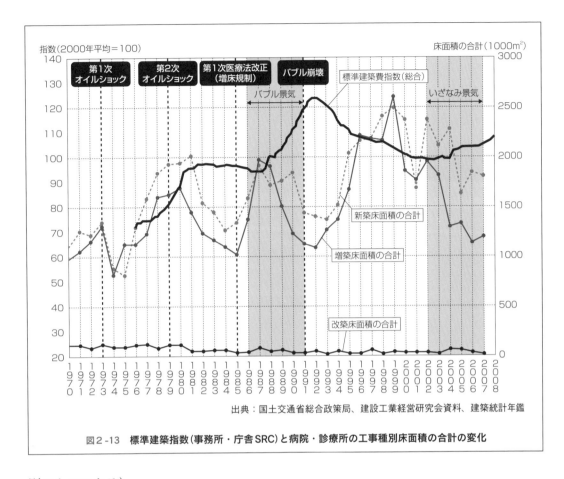

図2-13 標準建築指数（事務所・庁舎SRC）と病院・診療所の工事種別床面積の合計の変化

別のものである）。

## (2)不信が生じる理由

あらためてそれぞれの役割について考えてみると、設計者は発注者になり代わってその思いを十分理解して図面化し、施工者に図面という手段を使って伝え、施工者はそれを受けて実際に建物を建設していく。その際、施工者は、当然契約した金額のなかで採算を合わせようとする。設計者は発注者の立場に立って、よいものを適正なプライスで実現するために全精力を傾ける。ところが、設計者が十分にその役割を果たすことができないことがあり、残念ながら発注者の設計者に対する不信、施工者に対する不信が発生しているのが現実である（特に、不具合が生じた場合の責任の負い方があいまいになるケースが多く生じている）。

このような不信を解消する手段、透明性の高い建設手法として、近年、CM(Construction Management)[*2]をはじめさまざまな建設事業関連の発注・マネジメント方式が試みられている。

## 3　経営の視点が大切な病院建築事業

わが国の医療制度は世界的にみても「確立」されており、そうしたなかで医療費の増大が問題になって久しいが、良質な医療を提供しようとすれば、医療機関は医業収支ぎりぎりの経営を余儀なくされる。

最近では、公立病院などでも、経営的に自立・永続しなければいけないという考えから、初期投資に対して減価償却の考えを取り入れるようになってきた。専門家のなかでは、支払金利の多寡にもよるが、病院の新築に際して借入できる限度は、年間医業収入の1.3～1.5倍程度としていることが多い。また、医療機器なども購入しなければならないため、建築費に回せる予算の限度は年間の医業収入相当程度が適当との見方もある。

いうまでもなく病院も1つの事業なので、採算を前提としなければならない。その意味では、これまで特に病院建築設計者にコスト意識が欠けていたといわざるを得ない。当然のことながら、建築にかけるコストの適正化を図るためには、建築にかかわる初期投資から解体撤去までのランニングコストなどを含めたライフサイクルコストを考慮しなければならない。

## 4　病院建築設計の理念

「設計者」は発注者を含めたユーザーの思いを具体的なかたちにするのが役割である。その思いには、①機能性、②居住性、③安全性、④将来性、⑤経済性、⑥デザイン──などの要素が含まれる（図2-14）。

本項では主に、病院設計の理念についてポイントをおさえておきたい。

### (1) 機能性

病院建築は大きく分けて、外来診療、中央診療、病棟、管理、供給の5部門で構成されている。各部門がバランスよく面積配分されるとともに、機能的に連携できるよう配置しなければならない（図2-15）。

### (2) 居住性

患者にとって良質な療養環境であれば、治癒力が向上し、包括医療においては在院日数の短縮、経営貢献につながる。患者ばかりでなく、職員が働く環境の向上は労働意欲の源泉である（図2-16）。

---

\*2　CM：アメリカで確立した建設プロジェクトの実施方式。プロジェクトを初期の予算・工期どおり完成するため、専門的にマネジメントを担当する役割をCMR（コンストラクションマネージャー）と称し、発注者、設計者と一体となってプロジェクトの全般を運営管理する。

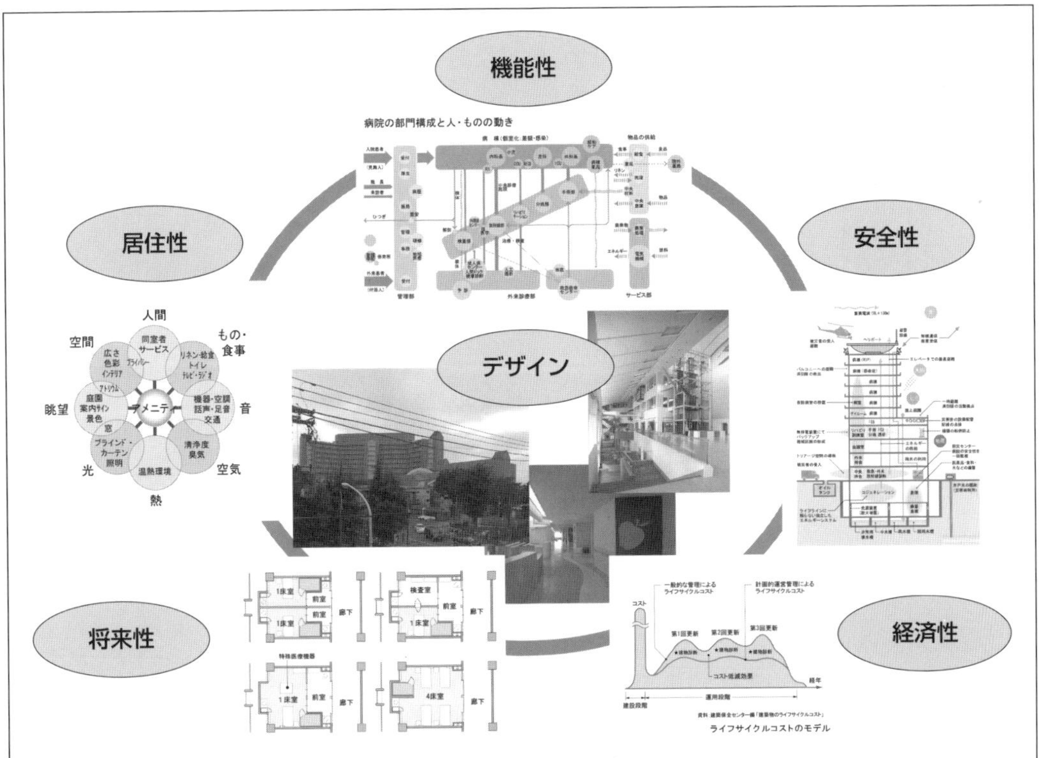

図2-14 設計の基本コンセプト5+1

## (3)安全性

　震災、雷、火災などはもちろん、感染、転倒、転落なども建築のあり方と無関係ではない。あらかじめよく配慮した病院建築であれば、これらの被害を最小限に抑えることができる。たとえば、院内感染防止に関する費用対効果を考えた場合、効果的な対策が行われれば費用的なメリットも大きい。

## (4)将来性

　病院は永続すべきものである。長い時間のなかで、社会的（患者の増減、通院治療・リハビリテーションの多様化）、物理的（大型医療機器の導入）ニーズに応じて増築・改修・改築が頻繁に行われるため、病院建築は特に改修しやすいように考えておかなければならない。変化できない病院は時代に取り残される。最近では減床などに伴うダウンサイジングも視野に入れる必要がある。

第2章 さまざまな医療関連産業の動向と展望

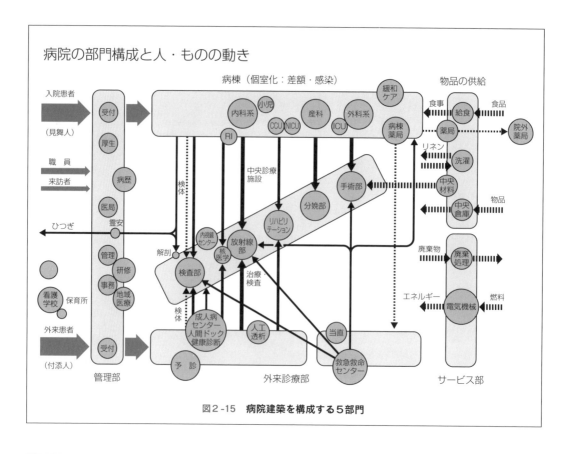

図2-15 病院建築を構成する5部門

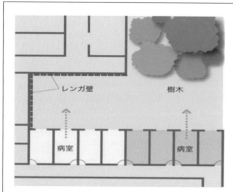

「Roger Ulrichの病棟」の概念図。窓から木々を見て過ごした患者と、レンガ壁を見て過ごした患者では、前者が4分の3日早く退院し、1症例当たり500ドル減となった。

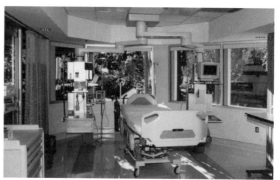

外部の緑が見えるICU

図2-16 ストレス緩和効果を大切にした治療環境

## (5) 経済性

建築投資は、建物を長く使い続けるうちに初期投資の8～10倍ものランニングコストがかかるといわれる。空調・電気・搬送機などの設備において不要なものや過剰なものを含むことがないよう、また省エネルギー設計で光熱費を節約して浮いた費用を医業費用、特に医療の質の向上、スタッフの待遇改善などに充てるべきである。

## (6) デザイン（個性、アピアランス）

建物は簡単に場所を替えるわけにはいかない。地域のロケーションや気候に合った構造、表情、デザインでなければならない。こうした「理念」「コンセプト」「こころ」をかたちにするのが設計者の役割である。広い意味では考え方・理念をかたちにする行為は「デザイン」に相当するといえるが、そのなかでそれぞれの病院ごとに個有の表現があってしかるべきである。

## 5 病院建設事業のプロセスポイント

設計者の役割を中心に各段階を追っていくと、①基本設計、②実施設計、③監理――の3段階になる（図2-17）。

## (1) 基本設計

基本設計とは本来、発注者（利用者）の意向に基づいて、どのような病院にするか、使い方、設備システムなどのすべてを決定することである。次の実施設計では、決まった「考え」を忠実に図面化すると考えればわかりやすい。当然のことながら、発注者との打ち合わせ、確認を抜きに進めるわけにはいかず、適宜、発注者と設計者は「思い」を共有しながら進めていかなければならない。

基本設計の段階では、建築に関する知識のない発注者にいかに内容を理解させるかに努めなければならない。これは、発注者、設計者を問わず、すべての関係者のリスク回避のためにも重要なことである。

基本設計の段階で、各室の間仕切りプランがある程度固まったら、個々の部屋の使用者にヒアリングし、家具、什器、機器、それらに必要な電気、給水、排水など、漏れなく拾い出し図面に表現する。これをプロット図と呼び、後述する総合図と区別している（図2-18）。本来、電気・水などの使用量や排水量を末端で把握して中央へとたどり、集約していかないと全体必要容量が求められないので、この過程は避けられない。同時使用率、キャパシティも考慮する必要がある。

第2章 さまざまな医療関連産業の動向と展望

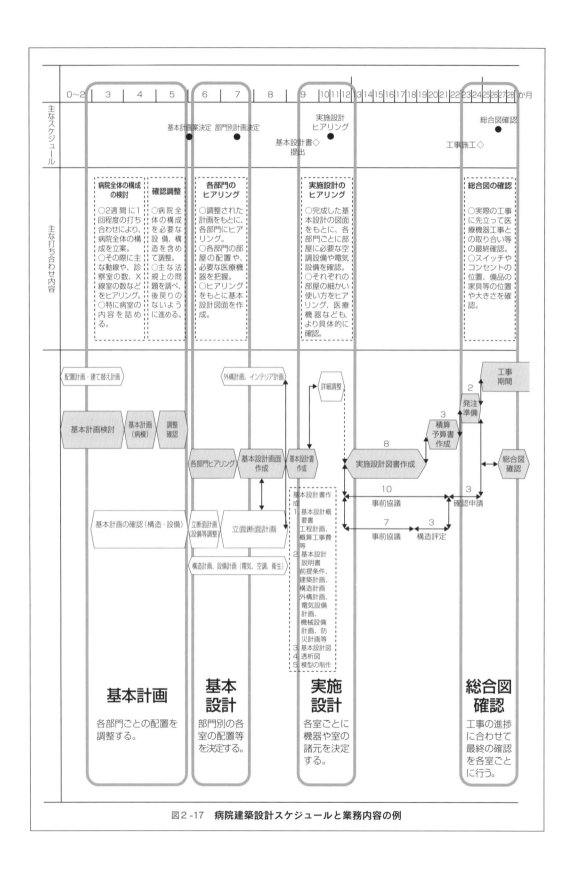

図2-17 病院建築設計スケジュールと業務内容の例

病院建築 6

図2-18　プロット図の例

## (2)実施設計

　実施設計の段階では、具体的な材料、寸法、つくり方、仕様を決定する。設計者はプロとして選択し、メニューを提示し、同時に客観的評価を加えることで、発注者の決定が円滑に行われるよう努力すべきである。これは基本設計など各段階でも同じである。

　施工段階で特に注意しなければならないのは、施工する際に施工者側で総合図を作成し、着工にあたって施工者の理解に間違いがないかをチェックすることである。

　実施設計図においては建築工事のための図面、電気工事のための図面、空調・衛生などそれぞれの工事区分ごとに分けられている（ゼネコンへの一括発注でも同様）。たとえば、処置ベッドの真上に空調の吹き出し口があると患者が不快な思いをするため、総合図でひと目でそれがチェックできるように、平面ばかりでなく、3次元にわたって各工事、家具・什器、医療機器をすべて重ねて表現する。

　この作業は手間がかかるため、施工者に必要性が理解されにくいが、竣工後になって初めてこの工程が重要であることがわかる。この作業が十分に行われないと、現場の施工がまとまらず、不具合・手直しが大量に発生することになる。総合図の作成については発注時の条件として明確にしておくべきである。ただし、コストに影響するため、あまり手間がかからないよう内容は吟味しなければならない。

　さらに、病室・診察室など多くの部屋についてはモックアップ（モデルルーム）で実際にみて、手で触れ、操作をして確認する（図2-19）。これは、複数のチームで、効率的に正確な施工が行われるための過程と考えれば、施工者側も受け入れやすい。総合図と同様に、発注条件としてあらかじめ仕様書で明確にしておくべきである。

 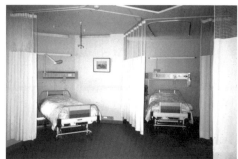

図2-19　モデルルーム

　最後に竣工時の検査をし、当初の目的が達成されているか、特に機能面の確認を行う。たとえば、すべての電気を止め、スムーズに復帰できるかどうか、全停電試験などはこの機会に行っておくとよい。

### (3) 監理

　施工段階での大切な役割として監理がある。設計内容どおり、技術的にも確実に施工されているかを、施工者とは別の立場でチェックし、間違いは間違いとして公正に指摘する役割で、いわば「施工」と利害が相反する。たとえば、竣工以後でもその過程をさかのぼって瑕疵(欠陥)などの判定ができる内容になっていなければならない。発注手段の1つである設計施工一括方式においても、この役割を明確に分離するべきである。

## 6　コストコントロールのポイント

　建築費については、コストとプライスの違いについて意識しておきたい。
　物の値段は、原価(コスト)に一定の利益などを加えて売値(プライス)が設定される。公共工事のプライスは従来、発注者の予算に「収まる」ように設計者、施工者がコントロールしてきた。言い換えれば、官庁工事では予算さえ確保できれば、それを使い切るような設計・入札が行われてきたといっても過言ではない。
　経営の視点に立てば、病院建築費はその病院の身の丈に合った投資限度内でコントロールしなければならない。まず、この限度額をよく認識し、そのうえで設計、施工、発注のそれぞれの場面でコントロールしていく必要がある。

## (1)設計の進捗とコストコントロール

　建築物の設計は、見栄えのよい外観をデザインすること程度に認識されていることもある。しかし、建物を構造的に成り立たせる技術、内部環境を適切にコントロールする電気、空調、給排水などの設備のほか、「経営」を念頭に置いた適正な施設整備投資を実現するためのコストコントロールなども重要な要素である。

　コストは質とのバランスのなかで考えなければならないが、最終的な結果として良質な建物をリーズナブルな価格で得るためには、「設計の工夫」「施工の工夫」「発注の工夫」という3つの工夫が大切である。

　設計においては構造・基礎の選択に始まって、建物の形状、使用資材の選択、さらには初期の建設費ばかりでなくランニングコストも含めて考慮しなければならない。図2-20で右上がりの曲線は時間の経過とともに設計内容が固まる割合(言い換えればコントロールの利かなくなる割合)を示し、右下がりの曲線はコストの縮減効果の余地を表している。

　当然のことながら設計の内容が確定するにしたがってコストも確定する。そのため、コストコントロールは早い段階ほど効果が大きい。言い換えれば、早い段階の方針・選択が結果的に最終コストに大きく影響する。たとえば、現場築造杭かプレキャストコンクリー

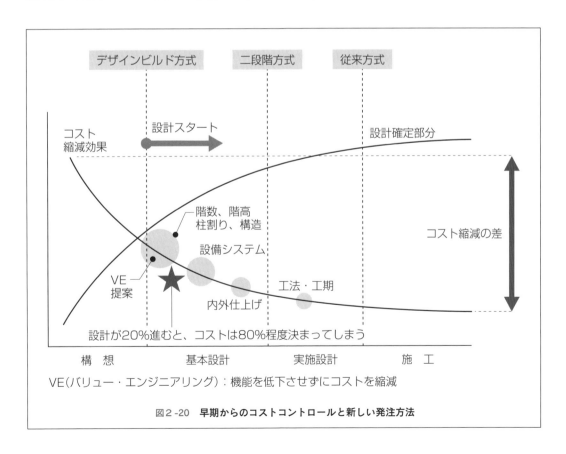

図2-20　早期からのコストコントロールと新しい発注方法

ト杭か、鉄骨造か、鉄筋コンクリート造か、最初に選択する建物の基本的構造によってコストは大きく異なってくる。

発注においては、指名、競争、一括、分離などの工事の分担方法と、デザインビルド、二段階発注あるいはPFI（Private Finance Initiative）[*3]など各種関連業種のかかわり方とタイミングを工夫した手法の選択によりコストが左右される。

建物のコストは、①杭・基礎、②外壁、③内装、④屋根、⑤各種設備――などに大きく分けられる。加えて$CO_2$削減、省エネルギーなどさまざまな設計の工夫が伴う。施工のうえでは、たとえば杭もさまざまで、なかには特許に関係するものもあるが、従来の考え方にしたがって複数の施工者が等しく競争入札できるように配慮すると、とかく誰でも使える一般的な工法・技術に限定されてしまい、安くてよい技術が採用されにくくなる。価格競争から一歩進んだ、技術と価格の両方を考慮した競争が望ましいが、「公平」にしなければならないための弊害もある。

## (2) 一括・分離・コストオン発注

最近の建物は構造体および間仕切り・建具・仕上げなどを含む建築工事のほか、電気、空調、給排水などの衛生工事ばかりではなく、ICT関連まで含めた実に多様な工事が集積して成り立っている。こうした工事の発注については、そもそも工事の大部分が建築工事であったため、一括発注方式が主流であった。しかし、電気をはじめ給排水設備、空調設備などのいわゆるサブ工事（付帯工事）が増大していくにしたがい、専門工事として独立・分離していくことになった（分離発注方式）。

一方で、工事の進捗において監理とは別に統括管理業務、共益業務抜きに考えられず、一般的には工事費割合の大きな建築工事施工者主導で、いわゆる賦金（ふきん）（割り充てられた金）の徴収を行い、その費用に充ててきた。この場合、その額・目的などが不透明といわざるを得ず、下請けいじめと指摘された状況があった。そこで、サブ工事者をある意味で守りながら現場をスムーズに進捗させる方法としてコストオン発注方式が考えられた。

コストオン発注方式には、「このようにしなければならない」という決まった形式はない。そのため、あくまでも関係者の納得のうえ、個々の契約で取り決めればよい。基本的な構図は、発注者が建築（主要工事者となるケースがほとんど）・設備（電気・空調・衛生・昇降機など）会社を選定し、それぞれの工事費をとりまとめる。たとえば、病院の場合、医療機器、倉庫の自動ラック、鉄骨工事などを別途直接発注し、統括管理業務及び共益業務に要する費用（コストオンフィー）は別途計上し、発注者が主要工事者（別途オンした業務の実施者、多くの場合は建築工事者）に支払う。その他には互いの依頼工事以外の費用（統括管理・共益費用といった性格のもの）の授受は一切ないこととするのが本来の目的で、

---

[*3] PFI：公共施設等の建設、維持管理、運営等を民間の資金、経営・技術的能力を活用して行う手法。

それに見合った契約内容とすべきである（表2-7）。
上記3つの方式を簡単にまとめると次のようになる。

### ①一括発注方式

総合発注方式とも呼ばれ、発注者が建築と設備を一括して建築会社に発注する方式で、設備会社は建築会社の下請になる。

### ②分離発注方式

分離発注方式は、発注者が建築と電気設備、機械設備を別々に発注することにより、「良質な施工と明確な責任」を設備会社に課そうというやり方で、官公庁はじめ金融機関、生産工場などで多用されてきた。

この方式では特に設備施工者の立場からすれば、発注者と設備会社が直結するため、費用の透明化のもとに、よりよいコミュニケーションが得られるとされ、発注者のニーズや要望を十分にくみとった品質が確保でき、責任をもった施工が可能になるとしている。

### ③コストオン発注方式

いわば一括発注と分離発注を折衷した方式で、発注者は、建築会社と設備会社を選定し、それぞれの工事費をとりまとめ、それに設備工事の現場管理（統括監理・共益費ほか）のための経費を加えた（オンした）金額で、建築会社に発注する。

したがって、契約上は、設備会社は建築会社の下請けというかたちになる。

## (3) 建設発注の新たな手法

近年、談合問題がクローズアップされ、自由競争入札に移行したところ、今度は施工能力が不十分な施工者による品質低下が問題となった。それを回避すべく制限つき競争入札、技術提案型競争入札などの手法が取られている。

一方、イギリスから始まった、建物建設ばかりではなく、運営にまで民間のノウハウを

表2-7　発注方式一覧

| | 施工に関する全体管理の担い手 | 設備会社の位置づけ | 設備（サブ工事）についての責任 | サブ工事の発注者（設計事務所）とのコミュニケーション |
|---|---|---|---|---|
| 一括発注方式 | 建築会社 | 下請 | 建築会社 | 直接できない |
| 分離発注方式 | 発注者（設計事務所） | 元請 | 設備会社 | 直接できる |
| コストオン発注方式 | 発注者（設計事務所）建築会社 | 下請 | 建築会社（設備会社） | 直接できる |

※全体管理の担い手は実態として多くのケースで「建築会社」が担う部分が多く、いわゆる「賦金」が暗黙の裡に存在した。表向きに「発注者」とされている場合、「設計事務所」が監理者として代行する形になる場合が多い。コストオンの場合、契約内容によっては全体管理の担い手は「建築会社」とされ得る。

取り入れるという発想のPFIが導入された。大規模病院建築でも、高知医療センターほか、複数の実績が生まれたが、病院では要素が多様かつ複雑で医療側と運営会社側との役割分担における問題点が数多く指摘されてきた。建設プロセスや要求水準策定、応募企業側の膨大な手間・費用の面でも負担が大きいなど、成果は好ましくないのが実情といえる。

そこで、価格・品質に満足し、前提の要求を明確にしたうえでオープンかつ透明な技術・価格競争を実現する新たな発注方式として、二段階発注(基本設計段階)方式、ないしデザインビルド方式が登場した。

ただし、二段階発注方式においては、いわゆる基本設計の内容から一歩踏み込んで、矩計図による提示予定価格の算出などが必要となってくる。デザインビルド方式においては、「設計事務所＋施工会社」(設計能力の補完による参加機会の拡大、独立した人格による監理機能の確保)の応募が可能であるが、二段階発注方式同様、スペック、スペースプログラムほかについて踏み込んだ提示が必要である(表2-8)。

いずれにせよ、工場生産の既製品と違って、建築工事は工業化が進んだとはいえ、その都度、製作する一品生産である。責任の所在、施工プロセス、コストなどは個別に決まるため、定価がなく、「透明性」になじみにくく、「信用」に頼らざるを得なかった事実を否定できない。

工事発注に限定することなく、幅広く建築事業をマネジメントする手法がPM（Project Management）[*4]、CMである。わが国ではまだ実績が少ないが、透明性を確保し、よりよい建築を安く実現する可能性があることから、病院建築事業でも注目されるようになっている。

## 7 病院建築事業に適したCM方式

### (1) CM方式とは

そもそもCM方式は1960年代にアメリカで始まった。わが国でも外資系企業が移入し、国内の大手デベロッパーなどが導入している。東京近郊にも公的資金で建設し、民営する大学系病院がある。

しかし、契約内容の問題や経験不足もあって、CMRの立場・役割が明確でなく、効果が正確に評価されにくいのが実情である。

---

[*4] PM：プロジェクトマネジメントのこと。プロジェクト管理とはプロジェクトをその目的どおり成功裡に完成させるために行われる活動。また、便宜的にその機能・役割をさす場合もある。役割として、プロジェクトを構成する必要な人的・物的資源の確保、各活動の計画立案、日程表の作成、さらに進捗管理が含まれる。CMが建設行為に限定されるのに対し、PMの役割はさらに広範囲に事業全体に及ぶ。

表2-8　各種方式の特徴

①設計・施工分離方式

設計会社が基本設計、実施設計をまとめ（建築・設備の仕様をすべて決定）。その後、施工者を選び（特命・競争入札・提案付入札等バリエーションあり）、契約、着工する。施工者固有の技術を活かしにくいなど限界がある。

②設計施工一括発注方式（民間型）

基本設計当初から施工者（施工会社と設計会社のジョイントの場合もある）を決め、施工を受ける前提で設計をスタートさせる。民間工事で多く採用されており、信頼関係があって初めて成り立つという側面がある。いかに競争原理を働かせられるかがカギを握っている。

③PFI（プライベート・ファイナンス・イニシアチブ）方式

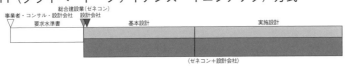

公的建設事業において民のノウハウを有効に取り入れ、低価格で良質な施設の実現を目指す事業方式。まず、求める性能として「要求水準書」を策定（コンサル、設計事務所による）し、事業受託希望者は委託者との「対話」を通じて仕様の詳細を決定し、事業費を競争入札する。病院では業務・評価内容が多岐・多様となり、総合的評価が定めにくい。

④役所型、設計施工一括（デザインビルト）方式

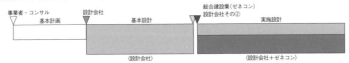

近年、公立・公的病院の建設発注で多く取り入れられている。基本設計を設計会社が行い、見積もり条件を提示する。それに対し設計会社と施工会社が組んで（施工者単独の場合もある）応札する。結果、設計者が交代して設計を行うことになり、手戻り・重複打ち合わせが生じる。

⑤ECI（アーリー・コントラクター・インボルブメント）方式

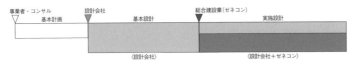

④との違いは設計会社による基本設計完了後、補足見積もり情報を加えて、入札を行う。設計会社は引き続き実施設計を行うが、入札時に施工会社が提示したVE案などを盛り込む。設計会社、ゼネコンの役割分担を明確にする必要がある。

## (2) 日本のCM方式

　今後、CM方式がわが国でも発注者（使用者）、設計者（各種コンサルタントを含む）、施工者（多くの専門工事業者を含む）がかかわる病院建設生産・管理システム手法の1つとして確立するためには、それぞれの関係者が共通の理解と問題意識を持って効果的に活用していこうという、前向きな取り組みが必要である。

　CM方式はアメリカで多く用いられている生産方式だが、わが国の設計事務所にあたる役割を、アメリカでは建築家（アーキテクト）とエンジニアリング会社が分担している。建築家は主として狭義のデザインを担当し、図面1枚でも技術的責任を一切負わないと書き込むほど責任回避に徹している。CMは責任問題などが複雑に絡む、不信に満ちた「契約社会」において、透明性、明確な役割分担をめざした結果の産物ともいえる。

## (3) CM方式確立のポイント

　CM方式において、CMRは設計、発注、施工の各段階で設計の検討、工事発注方式の検討、工程管理、品質管理、コスト管理など各種マネジメント業務の全部、または一部を行うものである。

　これらの業務を発注者から受託する以上、発注者の側に立つのはもちろんだが、技術的な事実に基づく判断やアドバイスは中立の立場で行われなければならない。

　施工については、CMRのアドバイスをもとに発注者が工事種別ごとに直接、あるいは分離して発注することにより経費・利益などを可視化することでプライスを下げることをねらう。その場合、発注者のニーズ、効果、CMRのかかわり方（CM契約・報酬など）によって、次のようなケースが考えられる。

①全体を工事種別ごとにそれぞれ別個の専門工事業者に契約・発注する（分離発注）ケース
②全体工事のうち、複数の工事項目について専門工事業者ごとにそれぞれ分離発注すると同時に、残った工事をまとめて総合工事業者に一括発注するケース
③建築、電気、空調、衛生、エレベーターなど主体工事、サブ工事程度の大きな項目に分離発注するケース
④分離が適さないとの判断で、総合工事業者に一括発注するケース

　③、④のケースは発注者に代わってマネジメント業務を行うなかでCMのメリットが出る。一般的には、①～④まで数字を増すほどCM業務は複雑、繁多になるため、CMRからそれに応じた報酬が求められることになる。

## (4) CMRの重要な役割

　建設工事において施工者は、すべての工事項目をまとめて一括で請け負う総合工事業者と、土木造成、杭、基礎、鉄筋、型枠、左官、コンクリート、内装、電気設備、空調設備

など、個々の特定工事を請け負う専門工事業者に分けられる。

　分け方は大項目から中・小項目まで考え方によってさまざまだが、むやみに細分化すればよいというわけでなく、建物の規模・内容によってマネジメントの手間と効果を吟味する必要がある。

　特に機能が重視される病院建築では、たとえば手術室周り、ICUなどの重装備かつ空調、電気、医療機器を含めたシステム構築が必要な部分については、特殊専門工事としてパッケージで発注するほうがまとまりやすく、好結果が得られる。

　また、電気・給排水工事が絡む大型医療機器や、新規分野ともいえるICT工事関連への対応についても、CMRはコスト面と機能面で好結果が期待される。

## (5)マネジメント・発注

　マネジメント・発注方式の違いを病院建築の特性を交えながらまとめる(表2-9、2-10)。

**表2-9　従来の一括発注方式のフロー例**

①設計：設計者は発注者の要望事項を踏まえ設計図書を作成する。その際、過不足がないようヒアリングシート、医療機器・家具・什器などをプロットした図を作成する。
②発注：発注者は設計図書に基づき工事予定価格を算出し、入札などで選ばれた工事業者と契約する。
③施工：総合工事業者が工事完成引き渡しまでの工程計画・施工図を取りまとめ、専門工事業者を下請けとして工事を施工、品質管理も行う。
　　　その際、建築基準法に基づき工事監理が行われるが、監理者は施工の立場と利害が対立するので、設計者または第三者であるべきである。
　　　本来「総価請負方式」で見積もり、内訳は設計変更時の参考単価となるが、コストの内訳、下請け業者に対する支払いは発注者への報告義務はなく、いわばブラックボックスになっているのが最大の特徴である。

**表2-10　CM方式のフロー例**

①設計：発注者の要望を踏まえることは従来方式と同様だが、同時に事業としてとらえ、病院の内容、身の丈に合った投資となるよう、発注者の立場に立ってCMRが設計者に対してコスト面でのアドバイス、コスト縮減の提案を行う。設計内容を発注者が十分理解できるよう設計者とのコミュニケーション手法についてアドバイスする。
②発注：CMRが発注方式・区分を提案し、コストの妥当性、透明性の確保を図る。またCMRの受託内容に応じて工事費用の算定や契約書類を整える。
③施工：CMRは、工事が完成し、全般の検査、機能チェック、引き渡しまで、全般が滞りなく遂行されるようにアドバイスすると同時に、契約に基づいて施工者間の調整、技術的アドバイスを行う。発注者から施工者への工事費支払いはCMRが工事の進捗具合に基づいて施工者の請求をチェックする。CMRの業務上の負担は増すが、工事項目を細分化すればするほどコストの透明化が図れる。

## (6) CMRの主な業務

　CMRの業務の主な内容を表2-11に示す。発注者の意向、CMRのかかわり方・報酬などによって業務内容は変わってくる。したがって、発注者がCMRに対して委託する内容など個々の契約内容を吟味する必要がある。

　CM方式はわが国ではまだ始まったばかりであり、発注者との役割分担、業務内容、それに伴う契約・報酬などケースバイケースという状況である。そのため、個々の案件ごとに発注者とCMRが互いに役割と義務・責任をよく吟味してとり決めるべきことはとり決め、実行しなければならない。

　発注、設計(監理)、施工、それぞれの担当者がコミュニケーションをとりながら、信頼性・透明性を確保し、よい結果を得る手法として、CMに前向きに取り組んでいく価値はあるだろう。

**表2-11　CMRの主なマネジメント業務とポイント**

(1)設計段階
　①設計候補者の評価（組織、担当者の実績、人柄、特に個人とそれをバックアップする組織・態勢）、設計者選定に関する発注者へのアドバイス
　②設計契約に関する発注者へのアドバイス（業務範囲、提出成果物など）
　③設計内容の検討、アドバイス（コスト、省エネルギー、ランニングコストの算出、設計工程など）
　④施工スケジュールの検討
　⑤工事予算の検討（目標予算に収める）
(2)発注段階
　①発注方式・区分（工事種別）の検討・提案
　②施工者の募集、選定に対する発注者へのアドバイス
　③施工者の資格審査・評価に関する発注者へのアドバイス
　④工事価格算出、決定へのアドバイス
　⑤工事契約書類を整え、契約するまでの発注者へのアドバイス
(3)施工段階
　①施工者間の調整
　②工程計画の作成、管理
　③施工者による工程管理、施工図作成に対するCMRの立場でのチェック
　④労働力、資機材の確保・発注のチェック
　⑤施工者の評価
　⑥施工者からの工事費請求のチェック、コスト管理
　⑦工事の進捗、工事費などの状況報告、文書管理
　⑧発注者・近隣住民などからのクレームを含む工事進捗に関する調整・アドバイス
　⑨中間・完成検査（機能検査）の計画・実行に関するアドバイス、立ち合い
　⑩引き渡し、報告書類の作成に関するアドバイス、確認

＊病院建築事業においては、設計以前に事業計画を立案、特に投資限度額について吟味しておく必要がある。CM業務のなかで目標予算が適切かどうか検討・確認するべきである。

## 8 設計段階の注意点と病院オープンまでの準備

### (1) 病院建築の特殊性

　病院建築は特殊といわれる。医療ガスやクリーンな環境に対応する設備、X線撮影に代表される大型の検査機器、それらに伴う特殊排水処理設備のほか、電子カルテのためのICTシステムなど、一般建築にはない付帯されるべき特別な要素が多岐にわたる。それらの集合体が病院建築であるといえる。

　別の言い方をすれば、施設整備にあたって現場を滞りなくまとめ上げるためには、各種工事業者を束ね、一致協力させるマネジメントが機能しなくてはならない。そうでなければ、手戻り・無駄が生じ、完成工期に間に合わないことにもなりかねない。にもかかわらず、予算決定の手順上、機器決めが後回しになり現場の進捗に影響を与えるケースが頻発しているのが現状である。

　建物の竣工後、引き渡しを受けると、あとは上下水道費・光熱費の負担のほか、建物の管理、オープニングセレモニーまで行わなければならないが、不慣れなことゆえ準備に苦労するケースが多く見受けられる。そこで、設計段階から施設の完成、病院オープンまで、関連する「工事合わせ」の押さえどころについて解説する(図2-21)。

### (2) 設計段階における注意点

　建物の設計は、まず発注者側で用意した規模・予算などを含む基本計画を受け、設計者が基本設計をスタートし、関係者との打ち合わせに基づいて平面図・断面図・設備概要、それに工事費概算を含んだ基本設計書をまとめ、発注者の合意を得て実施設計に進む。

　実施設計図書は施工に必要なすべての情報が含まれている。基本設計が建物を設計する過程で検討しておくべき平・断面、設備システムなどについて発注者と議論し決定するものであるのに対し、実施設計はその考え方を施工者に伝えるための手段として図書をまとめる。特に病院建築ではこの時点で決めるべきものが決まっていないと、その後の図面作成、工事費積算で手戻り・間違いが生じるので大事な段階といえる。

　さらに、各室各々の諸元(面積・必要設備とその機能、室温・湿度・照度など)、材料・設備機器などの仕様も決めなければならない。そのためには、各室の諸元に関するヒヤリングに基づいた諸元表、医療機器リスト、スペースプログラムなどをまとめる。その際、各室諸元などは設計者が一般的なデータをあらかじめ記入しておき、特殊条件のみ聞き出して効率よく進める。完成度を上げるためにもこの時点で特に大型の放射線撮影機器などは具体的に機種を想定しておく。機器特有の給排水、電気・空調、吊り物のアンカー位置など、個々に合わせて設計しておかなければならないからである。どのような機種が採用されても対応できるようにすればよいのだが、コストがかかり限度もある。実際に建物に

第2章　さまざまな医療関連産業の動向と展望

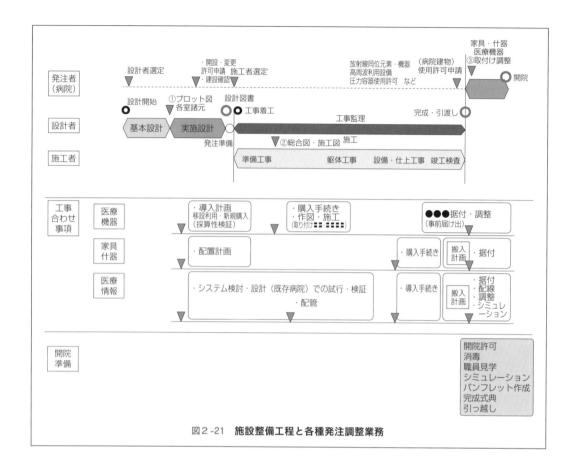

図2-21　施設整備工程と各種発注調整業務

持ち込んでセットされるのが何年も先である場合もあるため、予算化もしにくく機種決めができないということがよく起こる。

　最近では病院のICT化が進み、建築の設計と並行、あるいは先行してICTにかかわる設備の検討・設計をし、試行しておく必要が生じてきた。設備によっては具体的な配管ルート・アウトレット位置、サーバー室を設定して一部工事のなかで発注しておかなければならないものもある。また、配線などは電気工事に含めればコストセーブにつながる場合もある。

　実際には建物完成後に搬入・据付・調整するものであっても、工事中に準備しておかなければならないものもあり、そのためには基本設計段階で考え方を決め、実施設計図書に盛り込む必要がある。

## (3) 病院オープンまでに必要な準備

　続いて、病院がオープンするために必要な準備についてさらに詳細に示す。新しい病院が診療を開始するためには、まず建物を完成させ、医療機器の据付・調整、ICT関係の配線・機器配置、家具・什器・ベッドの搬入が終わって、清掃・消毒・運用トレーニングも

済ませなければならない。これらがすべて整って初めて入院・外来の患者の受け入れが可能になる。

### ①準備工事と調整

医療法上の施設基準の確認など医療的な手続きを滞りなく終わらせるのは大事だが、そのほかに工事の進捗も含めて多様な「仕事」の協働が必要なものが数多くある。そのなかの代表的なものが大型の検査・治療機器だといえる。

これらの機器に関連して通常、建設工事に含まれるこまごましたものがある。ICUなどの重症室のシーリングペンダントや天井から釣り下げるタイプの放射線機器などは上階のスラブに埋め込んだ取り付け金物が必要となる。機器によっては電波・電磁シールドや電源・情報配線なども施工しておかなければならない。これらについては工事担当各社・設計監理者の間で抜けがないか調整・確認し、施工する必要がある。

### ②機器の据付・調整期間とオープン時期

それらが滞りなく準備がされたとして、その次の搬入・据付などまでにはそれなりの期間が必要だ。一般撮影装置・X線TV装置・CTであれば1週間程度で終了するとされるが、MRIや血管造影装置となると3～4週間の期間が必要となる。さらにリニアックなどになれば設置・調整で6週間、機器設置後のデータ取りで4週間程度は必要である。

建物の竣工引き渡し後にスタートすると搬入・引っ越しのための床・壁の養生設置、大型医療機器・ICT機器の搬入・調整、清掃などの時間がどうしても必要になる。その間に運営トレーニング・シミュレーションを重ね開院に備えるわけだが、通常、オープンの日にちは諸々の事情であらかじめ決まっている。

こうした手順を考えると、建築とそれに伴う設備工事が完成する以前から機器の搬入を始めないと間に合わないという状況がしばしば起こる。建設工事と、その工事外の「合わせ工事」との期間を重ねて調整し、オープンまでの期間を短縮する必要が生じる。

大型の重い機器となると、工程上の問題とは別に、搬入手段として建築工事のクレーンを使わなければならない場合もあり、クレーンの使用料や、安全管理費用なども考慮しなければならなくなる。重ねることの可能な期間にも限度があり、工事途中で工事契約外の仕事が現場内で始まった例は数多くある。これらの調整が重要で発注者側ではなかなか経験もなく手に負えないとなればCMの役割として依頼することになる。

### ③「受電」からオープンまでを短縮する

電気は、工事中であっても現場で必要な照明や動力源として仮設電力という扱いで引き込んで使用する。これはあくまでも「仮設」で、建設工事が完了し、電気を使用する機器が取り付けられ、電気的な負荷があらかじめ出揃ったところで検査を受けて初めて本設「受電」が可能となる。200床クラス、地上5階の病院で全工程16か月程度として、通常完成引渡し前2か月前後で「受電」となるのが一般的だ（図2-22）。

一方、受電からオープンまでを総合的にマネジメントすることで受電から3か月、引き

第2章　さまざまな医療関連産業の動向と展望

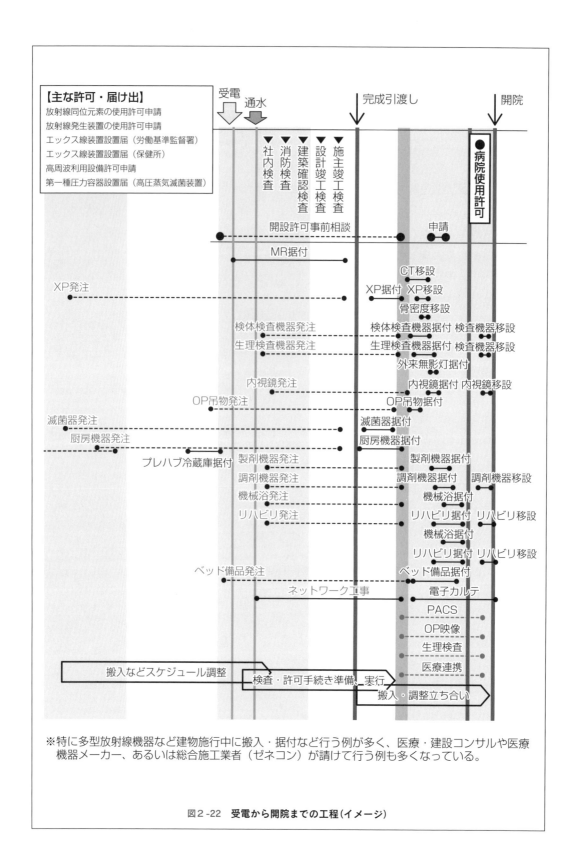

※特に多型放射線機器など建物施行中に搬入・据付など行う例が多く、医療・建設コンサルや医療機器メーカー、あるいは総合施工業者（ゼネコン）が請けて行う例も多くなっている。

図2-22　受電から開院までの工程（イメージ）

渡しから1.5～2か月で開院することも不可能ではない。あるいは、プラント工事などで行われているフルターンキーに準じて、オープンまでを施工者あるいはCMの役割として決めて、契約するケースもある。

　いずれにしろ、導入する医療機器によりケースバイケースではあるが、あらかじめ着工、受電、完成引き渡し、オープンなど主要なクリティカルポイントを押さえ、着々とクリアすべくマネジメントすることが重要である。

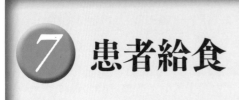

## 1 患者給食業務の現状

　患者給食業務とは、「医療施設の入院患者に対する食事の献立作成や食材の調達、調理・加工、盛り付け、配膳・下膳、食器洗浄や、これらの業務を行うために必要な構造設備などの管理(衛生管理)などを総合的に行うもの」(公益社団法人日本メディカル給食協会パンフレットより)である。

　1996(平成8)年の医療法施行規則の一部改正により患者給食業務の全面委託が可能となった。その後、患者給食の外部委託率は年々増加し、一般財団法人医療関連サービス振興会「平成27年度医療関連サービス実態調査結果の概要」によれば、約7割の病院が何らかのかたちで外部委託を採用している。

　医療法施行規則の改正前は、患者給食業務は調理から配膳までのすべてを衛生的配慮が行き届いた院内施設で行うこととされてきた。つまり、外部施設で調理し、運搬することが認められなかったため、病院は職員を雇い入れて教育し、食材の仕入れも行わなければならなかった。

　しかし近年、調理技術及び衛生管理技術が進歩したことで衛生面における問題がクリアされた。また、健康時の日常において豊かな食生活を営むわが国において、患者給食は治療の一環であると同時に、患者の満足度を高めるためのよりよいサービス提供に資することも強く求められるようになった。

　こうした経緯で、患者に対するサービスの質の向上と効率化を図るため、患者給食の提供方法について外部委託の道が開かれた。外部委託が可能となった現在では、患者給食は「早い、まずい、冷たい」といった旧来のイメージから脱し、より満足度の高いものに変わろうとしている(図2-23)。

## 2 患者給食業界の特色

### (1)経営形態の多様性

　患者給食業界に参入している企業は、患者給食を主たる業務として受託している会社の

患者給食 7

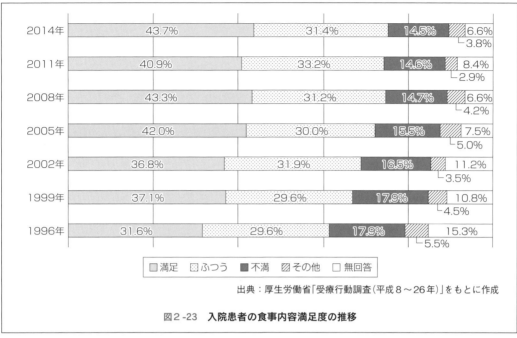

図2-23　入院患者の食事内容満足度の推移

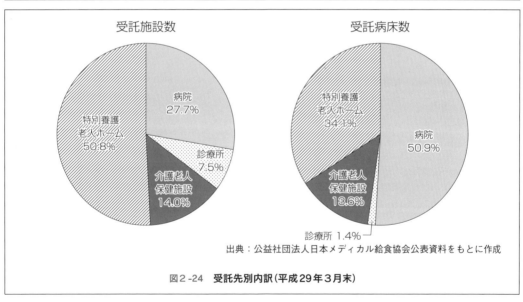

図2-24　受託先別内訳（平成29年3月末）

ほか、食堂や弁当業務をメインにしている会社など多岐にわたっている。また、委託先については医療施設だけでなく、介護施設も顧客とすることにより、規模の経済性を発揮しようとしているところがほとんどである（図2-24）。

　業務形態もさまざまであり、大別すると院内調理と院外調理の2形態がある。院内調理は病院内部で患者給食の調理を請け負う、いわゆる人材派遣業務に近いため、新規参入が比較的容易な形態といえる。一方、院外調理は、衛生管理において従来の学校給食などよ

りも一段と厳しく要求されるため、技術と設備投資の面で制約が大きく、参入障壁は決して低くない。

院外調理による患者給食の提供を行うには、ある程度の規模の業者か、すでに既存の調理加工施設を有している業者でないと難しい。そのため、多くの業者は職員教育やシステムの行き届いた病院内の厨房をフル活用することでサービスを提供している。

## (2)制度改革による影響

1996(平成8)年の医療法施行規則の改正以降、院外調理による患者給食についても保険診療として認められることになり、病院は外部委託の場合でも入院時食事療養費などを請求できるようになった。この入院時食事療養費などが病院の収入となり、外部受託業者への支払源泉となる。

しかし、その後の診療報酬や介護報酬、医療保険制度の見直しによる制度改革の影響を受け、公定価格である入院時食事療養費は大きく減額された。近い将来、食事の全額個人負担化が実施された場合、患者給食の低価格化が進む一方で、富裕層はより高品質な患者給食を求めることが予想される。実際、費用が原則全額負担である出産に関しては、豪華なディナーを出す病院が人気を集めているが、患者給食業者も同様に、多様化する顧客のニーズに応え続けなければならない。

## 3 患者給食業界の動向

### (1)外部委託の状況

患者給食の外部委託率は、図2-25のように上昇を続けており、2015(平成27)年には70.3%となっている。

### (2)業界の規模

患者給食の業界団体としては、公益社団法人日本メディカル給食協会がある。加入社数は年々増加傾向にあり、2017(平成29)年3月時点の会員数は220社である。ほとんどの大手が加盟している。

### (3)外部委託のメリット

患者給食を外部委託することで、病院側には、①コストの削減、②リスクの軽減、③質の向上——の3点でメリットが生じる。

#### ①食材の一括仕入れなどによるコスト削減
業者は、大量仕入れによるスケールメリットを活かし、よい食材を安く仕入れることが

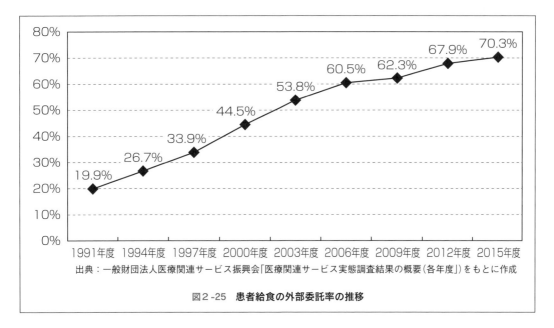

**図2-25　患者給食の外部委託率の推移**

可能であるため、食材費のコスト削減を図ることができる。

また、厨房社員の労務管理を業者が担うため、人員の募集・採用、その後の管理などにかかるコストと手間を省くことができる。

### ②衛生管理の徹底と事故防止

業者が各種マニュアルを整備し、教育・指導を徹底することで、食中毒などの事故を未然に防ぐことができる。また、有事の場合でも給食の継続提供が保証される。

患者給食は、病気や障害のある人が対象であるため、食事の提供が停滞することは許されない。サービスの継続的かつ安定的な提供体制の確保は必要不可欠である。この点、日本メディカル給食協会の代行保証制度に加盟している業者であれば、火災など何らかの事情により業務の遂行が困難になった場合でも、給食の提供を続けることができる。

### ③食事の質の向上

入院患者の食事への満足度が以前より格段に向上したのは事実だが、入院患者の項目別満足度において、「不満」の割合が最も多いのが、いまだ「食事の内容」であることも事実であり、病院にとって課題となっている（図2-26）。

業者は献立ソフトを導入するなどの工夫により、バラエティに富んだメニューづくりに長けている。病院の管理栄養士は献立作成業務から解放され、栄養指導業務などに専念することができ、より付加価値の高い業務に特化することができる。

ただし、外部委託を選択するだけでただちにこれらのメリットを享受し、患者満足を得られるとは限らない。たとえば、外部委託による院外調理を採用する場合、病院側では大型の冷蔵庫、冷凍庫などの設備投資が新たに必要となる。

それに加えて、加熱調理した食材を急速冷凍するクックフリーズなどの形態で業者から

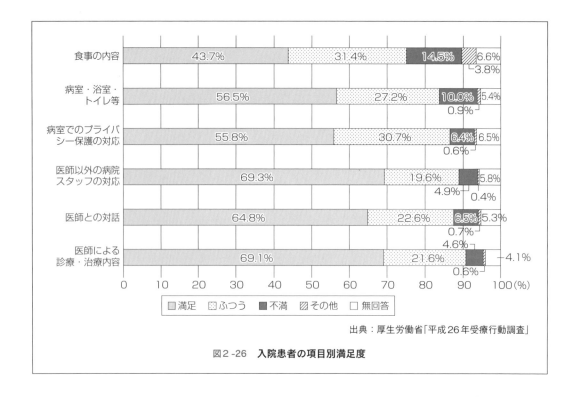

図2-26　入院患者の項目別満足度

仕入れた料理を適切に提供するノウハウの準備も必要である。また、安全な食事を提供するためには、手洗いの励行や調理器具の使い分けといった基本的な衛生管理が完備されていることが大前提となる。外部委託は万能ではなく、外部委託を包含した内部統制の構築が病院側に求められる。

## (4) 入院時食事療養費の引き上げ

入院時食事療養費は、段階的な診療報酬の見直しが実施されており、一般（住民税非課税世帯以外）の場合、2016（平成28）年度は360円（前260円）、2018（平成30）年度には460円に引き上げられた。これは、入院患者と在宅療養患者間の食事療養に関する負担の公平を図ることが目的である。これまでの入院患者の食事療養費は、「食材費」のみを負担していたが、新たに「調理費」に相当する費用を負担することで、在宅療養患者との公平な食事費用を考慮した診療報酬改定とされている。

## (5) 衛生管理手法HACCPの導入

近年、飲食における衛生管理手法として、HACCP (Hazard Analysis and Critical Control Point)の導入義務化が進んでいる。HACCPとは、「食品等事業者自らが食中毒菌汚染や異物混入等の危害要因(ハザード)を把握したうえで、原材料の入荷から製品の出荷に至る全工程の中で、それらの危害要因を除去又は低減させるために特に重要な工程を

管理し、製品の安全性を確保しようする衛生管理の手法」である（厚生労働省ホームページ「HACCP（ハサップ）」より）。この手法は国連の国連食糧農業機関（FAO）と世界保健機関（WHO）の合同機関である食品規格（コーデックス）委員会から発表され、各国にその採用を推奨している国際的に認められたものである。厚生労働省は、ホームページ上で食品13カテゴリーの「食品製造におけるHACCP入門のための手引書」を公表し、十分な準備期間を経てから導入の義務化が予定されている。

## （6）管理栄養士による栄養管理とNSTの発足

　病院や診療所における管理栄養士の役割は、患者への栄養管理や栄養食事指導である。管理栄養士は食物アレルギー・肥満・糖尿病といった患者一人ひとりの病状や生活習慣に合わせて、食生活の改善を図るための個別的な指導を提供している。

　患者給食においては、患者それぞれの疾患や手術後等の状態を考慮した栄養管理を行う。診療報酬では、管理栄養士の資格がなければ算定できない報酬が存在し、病院の収益においても重要な役割を担っている。近年では、チーム医療が推進され、栄養サポートチーム（NST：Nutrition Support Team）を発足する病院が増加しており、医師や看護師等と連携し情報共有することで、より患者の状態に合わせた高度な栄養管理を実施している。

## 4　患者給食の今後の展望

　厚生労働省が発表した国民医療費における入院時食事・生活医療費推計額は、2015（平成27）年度で8,014億円であった。このうち現在、約7割が外部委託されていることを考えると、市場規模推計は病院を対象とする領域だけで5,600億円ほどとみられる。

　介護施設においては、近年の制度改革で食費の自己負担率が大幅に上昇した影響で、より質の高い給食が求められる背景もあり、外部委託が一段と進んでいる。医療法施行規則の改正後、患者給食の全面委託が可能となってから20年以上が経ち、市場の成長は落ち着きつつあるが、介護施設の領域では、今後も拡大の流れは続くものと考えられる（図2-27）。

　市場が拡大する一方で、患者給食業者同士の競争が激しくなっており、経営を効率化するために上場を廃止した大手企業も多い。今後は、受注価格の引き下げなど、シェア獲得のための対応をこれまで以上に迫られる可能性が高い。

　また今後、病院における療養病床などの大幅削減と入院日数の短縮がさらに進めば、在宅医療が拡大していくだろう。こうした外部環境に対応し、在宅患者に対する食事の提供を病院主導のもとで行うような業態の増加が期待される。

第2章 さまざまな医療関連産業の動向と展望

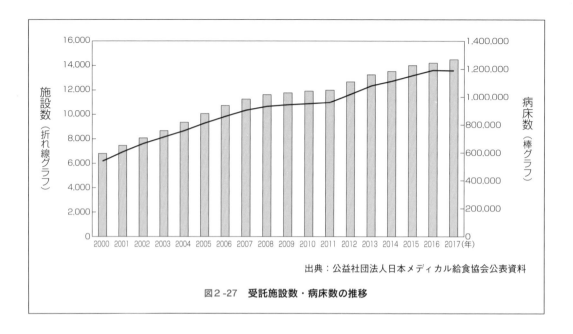

図2-27 受託施設数・病床数の推移

# 8 金融

## 1 直接金融と間接金融

　資金調達の方法は、直接金融と間接金融に分類することができる。直接金融とは資金を調達したいと考える組織が資金の出し手である投資家などから直接資金を調達する方法である。一方、間接金融とは資金を調達したいと考える組織が銀行などの金融機関を介して間接的に資金を調達する方法である。

　従来、医療機関の資金調達手段は銀行からの借入を中心とする間接金融に限られていた。しかし近年、新たな資金調達の道として医療機関債や社会医療法人債といった直接金融の道が開かれるようになっている。

　しかし、医療機関が債券の発行を行うには透明性の高い決算情報の開示や、公認会計士または監査法人による会計監査及び格づけ取得などが必要となるなど、さまざまな遵守すべき事項がある。直接金融による資金調達はハードルが高く、現状では従来どおり間接金融による資金調達を行う医療機関がほとんどである。

## 2 医療機関の資金調達先

### (1) 福祉医療機構

　一般的に、医療機関は民間の銀行からの借入により資金調達を行うが、業種的な特徴として、独立行政法人福祉医療機構からの借入と併せて利用する場合が多いことが挙げられる。特に設備資金の調達の際には、このようなケースが多くみられる。

　福祉医療機構は、国の施策と連動して福祉医療の基盤整備を推進する役割を担う組織であり、医療機関に対し低金利、長期の貸付（設備資金、運転資金のほか、経営安定化資金など）を行っている。

　医療機関が福祉医療機構から直接借り入れる直接貸付と、機構の代理店となっている銀行を通して借り入れる代理貸付の2つの融資方法が用意されている。主要な銀行はこの代理店となっており、一般的には銀行を通じて借り入れる方法をとっていることが多い。

　医療機関が資金調達をする際、まずは福祉医療機構からの借入を検討するのが一般的で

ある。これは金利が低い、長期の融資期間設定ができるなど、福祉医療機構の借入条件に民間の銀行より有利な点があるからである。

## (2)銀　行

　医療機関の運営及び施設整備に必要な資金のすべてを福祉医療機構から調達することは通常困難であるため、医療機関は銀行からの資金調達を行うことも検討する必要がある。
　また、福祉医療機構は銀行ではないので、預金や決済といった機能は備えていない。こうした観点からも医療機関は銀行との取引が必要不可欠といえる。
　医療機関の経営環境が厳しくなる以前は、病院などが倒産することは少なく、業種としての信用力が非常に高かった。そのため、自己の経営状況や今後の経営計画などを金融機関に対してそれほど詳細に説明しなくても融資を受けられるケースもあった。
　しかし、医療機関の経営環境の悪化に伴って、金融機関の医療機関を審査する眼は厳しくなり、実現可能で説得力のある経営計画を策定し、自己の経営状況などを詳細かつ十分な根拠をつけて説明することが求められている。

## 3　リース会社の利用

　医療機器や備品、車両などの導入にあたっては、リースが利用されることも少なくない。医療機器は高額であっても耐用年数が短いものが多く、また医療技術の進歩によって陳腐化も早く進む。そのため医療機関の運営にあたっては、医療機器への設備投資を継続して行うことが必要不可欠である。医療機関で使用する医療機器、什器備品のほとんどがリース対象となるため、リースは医療機関においても広く利用される傾向がある。
　リース会社には銀行系列の会社やメーカー系列の会社などがあり、その背景の違いにより、リース時の審査姿勢が異なるなどの特徴がある。したがって、医療機関は借入とリースの経済性の比較と併せ、状況や目的に応じてリース会社を選択する必要がある。
　しかし、実際には医療機関の意思だけでは選択できない場合も多い。たとえば、医療機関は医療機器の購入にあたって、まず取引銀行に融資の相談をする。しかし、医療機関の経営状況や規模、担保提供状況などさまざまな条件により銀行から調達できる資金の上限が決まっており、この上限金額に近い水準の融資がすでに行われている場合には、取引銀行はその銀行系列のリース会社を勧めて対応する、といったプロセスでリース会社が決定されることも多い。

## 4　その他の資金調達手段

　近年、医療機関にも新たな資金調達の道が開かれている。具体的には、診療報酬債権を

利用した資金調達や、資産の流動化、直接金融である医療機関債などが挙げられる。

## (1) 診療報酬債権

医療機関の診療報酬は支払機関(社会保険診療報酬支払基金〈社保〉、国民健康保険団体連合会〈国保〉)への請求から約2か月後に支払われるが、この支払いを受ける権利を診療報酬債権と呼び、これを金融機関に担保として提供することで資金を調達するという方法である。

診療報酬債権は貸し倒れ(回収不能)リスクの極めて低い債権であり、金融機関の側からも優良な担保として評価される。

医療機関が診療報酬債権を利用して資金調達を行うのにはさまざまな理由が考えられるが、銀行からの新たな融資が受けられない状況(他に担保提供できる資産がないなど)に至って、利用することが多い。

## (2) 資産の流動化

医療機関の資産(不動産など)を流動化して資金を調達する方法もある。たとえば、医療機関が土地、建物などの不動産を特別目的会社(SPC)に譲渡する。SPCは医療機関に支払う資金を金融機関や投資家から調達し、医療機関に売却代金を支払う。医療機関は不動産を賃貸借して利用し続けることになる。

このような流動化のスキームは、診療報酬債権や医療機関の事業そのものにも用いられている。こうした取り組みを行うのは銀行(信託銀行を含む)や証券会社のほか、ファンド(投資信託)などである。

## (3) 医療機関債

医療機関による債券の発行に関しては、厚生労働省の「『医療機関債』発行等のガイドライン」にまとめられており、医療機関を開設する医療法人が債券を発行する際のルールなどが示されている。さらに第五次医療法改正により、社会医療法人については社会医療法人債の発行が認められるようになった。

しかし、決算情報などのディスクロージャーや会計監査の導入など、債券の発行に関する要件を整えることは医療機関にとってハードルが高く、現状では活発に利用されているとはいえない状況である。

# 9 保険薬局

## 1 保険薬局の概要

　病院の門前に立ち並ぶ保険薬局は、医薬分業の推進とともに成長を遂げてきた。2016(平成28)年の処方せん受取率は約72％に達し、多くの病院で外来処方せんの院外化が定着している。院外化に伴い、患者の待ち時間の解消、薬品の在庫管理の問題が解消されているが、外来調剤部門の外部委託でもあり、本来のメリットが享受できない場合には、薬価差益の減少など病院経営にマイナスの影響を及ぼすこともある。

　薬局の開設は、医薬品医療機器等法(旧薬事法)第4条により、その所在地の都道府県知事の許可を受ける必要がある。また許可を受けるにあたり、構造設備、薬剤師の人員などが決められており、これらの基準をパスして許可されたものだけが、薬局の名称を使用できる。

　一方、保険薬局は、健康保険法などの薬局の開設者の申請によって、薬局所在地の地方社会保険事務局長から保険薬局の指定が行われて初めて保険薬局を名乗ることができる。保険薬局の指定を受けていないと医療保険での調剤が行えない。そのため通常、医師から処方された処方せんの調剤を行う薬局は、保険薬局の指定を受けることになる。

　この他にも、都道府県の薬剤師会が審査し、信頼できる「かかりつけ薬局」であると認めた薬局として、基準薬局がある。

## 2 保険薬局の歴史

　厚生労働省「平成28年度医療費の動向」によると、2016年度の医療費は総額41.3兆円に達している。医療費増大の要因の1つとして薬価差益が挙げられる。すなわち、薬剤の公定価格(以下、薬価)と医療機関の仕入れ値の差による薬価差益が存在し、通常、医療機関は薬剤を処方すればするほど儲かる仕組みになっている。

　そのため、薬剤費用の削減を目的に、薬剤師による医師への適正な医薬品の使用が促され、かかりつけ薬局による薬剤の相互作用や重複投与のチェック機能を果たす役割が医薬分業というかたちで推奨されるようになった。また、薬価の引き下げによる薬価差益の縮小や診療報酬での医薬分業を推奨するインセンティブがつけられたため、医薬分業は

1990年代に急速に普及し、保険薬局も増加していった。

## 3 医薬分業とは

### (1)わが国の医薬分業の現状

　医薬分業とは、医師の診療行為と薬剤師の調剤行為を分ける制度である。海外ではほとんどの先進国で医薬分業制度が導入されており、フランスでは200年以上前から分業率は100％である。

　わが国は長い間、医師が調剤や投薬をする習慣が残っていた。そのため、1951（昭和26）年に医薬分業に関する法律が成立したにもかかわらず、1956（昭和31）年まで延期されるなど、医薬分業の推進には至らなかった経緯がある。

　医薬分業は、1992（平成4）年に病院の入院調剤技術基本料が200点から400点になり、病院薬剤部門の重点業務が外来患者から、入院患者の投薬・調剤へと移行が促されたことや、薬価差益をできるだけ縮小する国の方針が出され、病院での薬価差益の減少と相まって急速に発展した。また、1994（平成6）年度診療報酬改定では、入院調剤技術基本料が薬剤管理指導料へ名称変更され、点数も600点に引き上げられた。この薬剤管理指導料では、従来の入院調剤技術基本料の算定要件であった入院患者への投薬や調剤業務だけでなく、より大きな視点で入院患者の薬物治療全体にかかわることを病院薬剤部門の業務として位置づけており、点数引き上げの影響もあって病院薬剤部門のあり方が見直された。その結果、医薬分業の普及につながったといえる。

　現在、薬剤管理指導料は325～430点×月4回に変更されており、病院薬剤部門の貴重な収入源になっている。また、2012（平成24）年度診療報酬改定において、病棟における薬剤師業務の活動に対する評価として、病棟薬剤業務実施加算が新設されるなど、薬剤師はチーム医療の一員として、薬剤の専門的立場から患者の治療に貢献することが求められている。

### (2)院外薬局化の利点

　病院経営における処方せんの院外薬局化は、主に3つのメリットがある。①患者の待ち時間の減少、②院内在庫の圧縮、③入院患者への薬剤管理指導の重点化――である。しかし、薬価差益が減少したとはいえ、数パーセントの薬価差は存在する。薬剤費は一般的に、病院の人件費に次いで大きなコストがかかるため、院外率は高くなっているものの7割にとどまっている。

　また、院外化によって病院の薬剤待ち時間が短縮されると予測されていたが、診療の予約枠や予約数によっては一定の時間に患者が集中して来局するため、保険薬局側での待ち

時間が発生している。さらに、診察を受けたあと、保険薬局に出向かなくてはならず、二度手間になるなど、患者の利便性やニーズ面を考慮して、院外化を見直す動きもある。したがって、病院経営と院外処方せん化の目的をはっきりさせたうえで、院外化の実施や院外化比率の検討が望まれる。

今後、ますます医療機関の機能分化が進むと、保険薬局には病院とのかけ橋となるような役割や機能が求められる。複数の医療機関などが共同して行う退院指導に診療報酬がつけられているように、医療機関は保険薬局と情報共有及びコミュニケーションを図り、地域住民のヘルスケアを共同で担う役割を果たす必要があるだろう。

## 4 保険薬局の事業運営

### (1) 開設者及び人員構成

保険薬局には、開設者が薬剤師でない場合、医薬品医療機器等法第7条の規定により薬局を管理する「管理薬剤師」をおかなければならない。また、処方せんの枚数に応じた薬剤師の配置基準が定められている。具体的には、1日当たりの平均取り扱い処方せん枚数40枚につき薬剤師1名で、端数を増すごとに1名が追加される。

また、耳鼻咽喉科や眼科、歯科の場合は処方せん1枚を3分の2枚として計算する。保険薬局は、主に薬剤師のほか、受付業務、調剤報酬請求業務にあたる事務職員などで構成されるが、近年は薬局の競争も激化しており、差別化による付加価値をつけるために栄養相談窓口を設置し、栄養士を配置している保険薬局もある。

### (2) 保険薬局の組織体制

保険薬局は、薬局開設者及び管理薬剤師を中心に、調剤部門、一般用医薬品販売部門（OTC）、在庫管理部門、発注管理部門、保険請求部門、薬歴管理部門、在宅介護部門、医薬情報部門、教育・接遇部門、事務部門に分けられる。事務部門以外は、主に薬剤師が業務を担当する。大学病院などの門前にある比較的規模の大きい保険薬局以外は、各部門の業務を兼務していることが多い。

### (3) 保険薬局の業務内容

保険薬局には、病院から受け取った処方せんに基づいて調剤を行う業務を主とした調剤薬局型、一般大衆薬の販売や化粧品・日用品の販売を主としたドラッグストア型がある（図2-28）。

いずれも調剤業務に関しては、病院内の薬局の調剤業務と同様に、患者からの処方せんを直接またはファックスなどで受け付ける。患者の氏名、生年月日を確認し、処方せん監

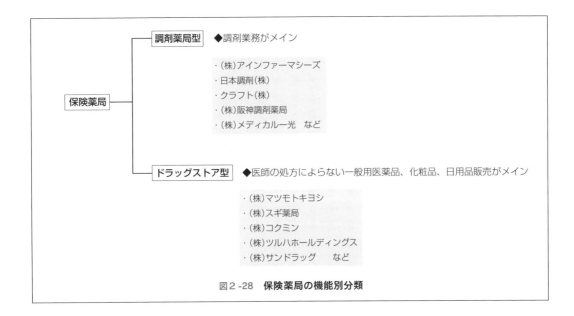

図2-28　保険薬局の機能別分類

査を行い、同時に薬歴を確認する。仮に、前回と処方内容が異なる場合は、患者に医師から処方内容の変更を行う説明があったかどうか確認し、確認がとれない場合、当該医療機関に疑義照会を行う。疑義照会とは、医師・歯科医師・獣医師から処方された内容に疑問がある場合、必ず当該医療機関の処方医に問い合わせて確認がとれたあとでなければ、調剤をしてはならない決まりのことである(薬剤師法第24条)。

次に、処方せん監査で問題がなければ調剤を行い、別の薬剤師が必ず最終監査を実施し、投薬する。調剤がいったん終了した時点で、調剤報酬の請求漏れやミスがないかを併せて確認することが必要である。投薬時には、服薬指導を実施し、終了後会計となる。その後は、速やかに薬歴の記入を行い、薬歴を管理する。

薬剤は高価であり、保険薬局の重要な資産である。薬品の在庫管理には十分注意し、できるだけ安全在庫(急な処方に対して、薬品の欠品を防ぐためのストック)を持たないよう、発注及び入出庫管理を行う。薬剤の発注先は医薬品卸で、通常前日に発注した薬剤は翌日に入庫される。保険薬局においても、在庫管理は薬剤師の重要な業務の1つである。

## (4)保険請求

保険薬局におけるお金の流れは、図2-29のとおりである。

保険薬局は、調剤行為に対して患者から一部負担金を請求し、残りの部分を保険請求し収入とする。医療機関と同様、調剤報酬や介護報酬での請求に基づいて行われる。医療保険により給付された調剤行為にかかわる費用は、保険者によって保険薬局の調剤報酬請求に基づいて支払われる。実際は保険者が直接行うのではなく、審査及び支払い事務を第三者に委託している。

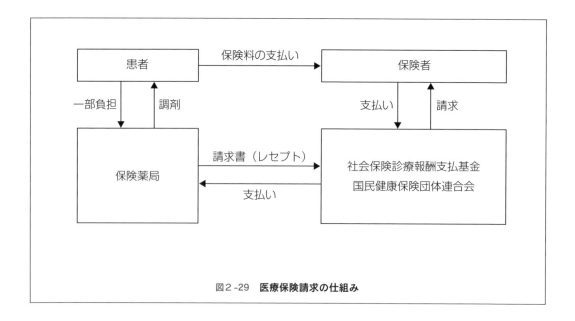

図2-29　医療保険請求の仕組み

　医療保険などの種類によって代行先は異なるが、第三者機関である社会保険診療報酬支払基金及び国民健康保険団体連合会が医療機関から出された請求書(レセプト)を審査、または点検する。その後、保険者に請求書を送付し、保険者から請求金額の支払いを受けたあと、保険薬局に対する支払いが行われる。介護保険の場合、保険者は市町村、第三者機関は審査支払機関が代行する。

## (5)調剤報酬

　保険薬局の調剤報酬は、調剤の技術料と薬学管理料、薬剤料、特定保険医療材料で算定される。技術料は調剤基本料と調剤料、各種加算に分けられる。
　薬学管理料は、薬剤服用歴管理指導料(1・2・特例・3)及び各種加算、かかりつけ薬剤師指導料及び各種加算、かかりつけ薬剤師包括管理料、外来服薬支援料、在宅患者訪問薬剤管理指導料及び麻薬管理指導加算、在宅患者緊急訪問薬剤管理指導料及び麻薬管理指導加算、在宅患者緊急時等共同指導料及び麻薬管理指導加算、退院時共同指導料、服薬情報等提供料、在宅患者重複投薬・相互作用等防止管理料がある。
　2018(平成30)年度診療報酬改定では、かかりつけ薬剤師が機能を発揮し、地域包括ケアシステムのなかで地域に貢献する薬局を評価する地域支援体制加算、患者の意向を踏まえ、処方医師に適正薬剤の提案を行った結果、内服薬の減少につながった場合を評価する服用薬剤調整支援料が新設された。
　これらの価格は、厚生労働省によって調剤報酬点数が定められており、診療報酬と同様に1点10円となっている。

## 5　保険薬局の現状

### (1) 調剤費の伸び

　調剤医療費は増加傾向にあり、2016年度には約7.5兆円となっている。処方せん受取率の増加に伴い、処方せん枚数も2016年度には約8億3,000万枚に増加し、1枚当たり調剤医療費も9,031円と2015（平成27）年度からは減少しているものの、2013（平成25）年度と比較して170円の増加となっている。（表2-12）。

表2-12　調剤医療費の推移

|  | 実数（円） |  |  |  | 対前年度比（％） |  |  |
|---|---|---|---|---|---|---|---|
|  | 平成25年度 | 平成26年度 | 平成27年度 | 平成28年度 | 平成26年度 | 平成27年度 | 平成28年度 |
| 調剤医療費（億円） | 70,380 | 71,987 | 78,746 | 74,953 | 2.3 | 9.4 | ▲4.8 |
| 処方せん枚数（万枚） | 79,430 | 80,831 | 82,372 | 82,999 | 1.8 | 1.9 | 0.8 |
| 1枚当たり調剤医療費（円） | 8,861 | 8,906 | 9,560 | 9,031 | 0.5 | 7.3 | ▲5.5 |

出典：厚生労働省「最近の調剤医療費（電算処理分）の動向の概要～平成28年度版～」をもとに作成

　表2-13、2-14と図2-30をみると、処方せん1枚当たり調剤医療費は、2016年度は対前年度比マイナスとなったものの、技術料2,240円、薬剤料6,759円となり、2013年度からは増加している。後発医薬品（ジェネリック医薬品）の使用割合をみると、2014（平成26）年度の13.4％から2016年度には15.5％と増加している。

　また、処方せん1枚当たりの調剤医療費の割合は、薬剤料が75％、技術料が25％と薬剤料の割合が高い。薬剤料の内訳は、内服薬の処方が8割以上を占め、薬剤の多くが内服薬であることがわかる（図2-31）。

　2008（平成20）年度診療報酬改定では、外来処方せんの様式変更や、保険薬局及び保険薬剤師療養担当規則等の改正により、後発医薬品の推進施策が行われ、2012年度診療報酬改定では、さらに後発医薬品の使用を促進するため、処方せんに示されている医薬品について、一部薬剤師の裁量によって後発医薬品への変更が可能になった。改定を経るにしたがって、後発医薬品への利用促進策が続けられ、後発医薬品の利用が浸透している。わが国の薬剤費は高騰しており、今後も適切な後発医薬品の使用促進のため、保険薬局の薬剤師が薬学的知識を活用し、患者へ効果的な薬剤使用のコンサルテーションを行うことが求められている。

表2-13 処方せん1枚当たり調剤医療費の内訳

| | 実数（円） | | | | 対前年度比（％） | | |
|---|---|---|---|---|---|---|---|
| | 平成25年度 | 平成26年度 | 平成27年度 | 平成28年度 | 平成26年度 | 平成27年度 | 平成28年度 |
| 調剤医療費 | 8,857 | 8,899 | 9,546 | 9,015 | 0.5 | 7.3 | ▲5.6 |
| 技術料 | 2,200 | 2,200 | 2,232 | 2,240 | 0.0 | 1.4 | 0.4 |
| 薬剤料 | 6,642 | 6,684 | 7,299 | 6,759 | 0.6 | 9.2 | ▲7.4 |
| 内服薬薬剤料（再掲） | 5,542 | 5,533 | 6,075 | 5,554 | ▲0.2 | 9.8 | ▲8.6 |
| 特定保険医療材料料 | 15 | 15 | 15 | 15 | 1.8 | 1.8 | 0.1 |

出典：厚生労働省「最近の調剤医療費（電算処理分）の動向の概要～平成28年度版～」をもとに作成

表2-14 処方せん1枚当たり調剤医療費の報酬別内訳（後発品割合）

（単位：円）

| | 平成26年度 4月～3月 | 平成27年度 4月～3月 | 平成28年度 4月～3月 |
|---|---|---|---|
| 調剤医療費 | 8,899 | 7,984 | 8,427 |
| 薬剤料 | 6,684 | 7,299 | 6,759 |
| 〈後発品割合：％〉 | 〈13.4〉 | 〈14.2〉 | 〈15.5〉 |
| 内服薬 | 794 | 924 | 927 |
| 〈後発品割合：％〉 | 〈14.3〉 | 〈15.2〉 | 〈16.7〉 |
| 屯服薬他 | 8 | 10 | 11 |
| 〈後発品割合：％〉 | 〈17.5〉 | 〈20.5〉 | 〈23.4〉 |
| 注射薬 | 4 | 6 | 8 |
| 〈後発品割合：％〉 | 〈1.5〉 | 〈1.9〉 | 〈2.4〉 |
| 外用薬 | 89 | 98 | 101 |
| 〈後発品割合：％〉 | 〈10.8〉 | 〈11.2〉 | 〈11.9〉 |

出典：厚生労働省「最近の調剤医療費（電算処理分）の動向の概要～平成29年12月号～」をもとに作成

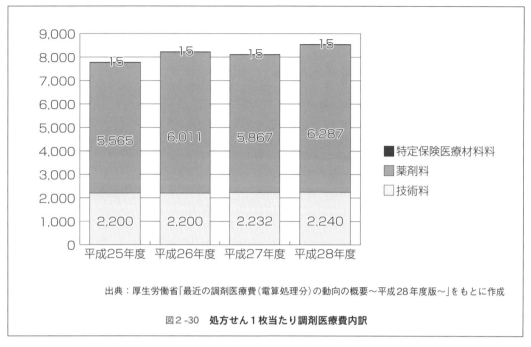

出典：厚生労働省「最近の調剤医療費（電算処理分）の動向の概要〜平成28年度版〜」をもとに作成

図2-30　処方せん1枚当たり調剤医療費内訳

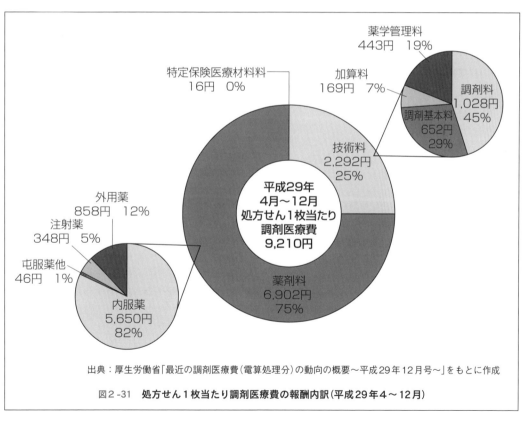

出典：厚生労働省「最近の調剤医療費（電算処理分）の動向の概要〜平成29年12月号〜」をもとに作成

図2-31　処方せん1枚当たり調剤医療費の報酬内訳（平成29年4〜12月）

## 6 保険薬局の課題と展望

### (1) 薬剤師の人材確保と育成問題

　薬剤師の資格を得るためには、薬剤師国家試験に合格する必要がある。薬剤師の受験資格は薬剤師法第15条により、学校教育に基づく大学において、薬学の正規の課程を修めて卒業した者であることなどが定められている。

　この薬剤師を養成する正規課程の修業年限が、2006年4月入学時から変更され、薬剤師の受験資格が4年制から6年制に延長されることになった。また、学校教育法の規制緩和により薬学部は2003(平成15)年までの46校から2017(平成29)年には73校(国公私立の薬科大学数)に増加している。

　現状は、2012年度診療報酬改定から病棟薬剤業務実施加算が新設されたことで病院における薬剤師の求人が活発になっており、保険薬局においても薬局間で人員確保の格差が出ている状況である。2018年度診療報酬改定では、主に薬局薬剤師への期待が込められており、かかりつけ薬剤師や地域医療に貢献する薬局に対して評価が加えられた。優秀な人材を確保し、患者に選ばれる保険薬局となることが重要であるが、優秀な薬剤師に選んでもらえる魅力的な薬局になるためには、特に待遇面だけでなく、教育研修を充実させ、高いスキルを持った薬剤師を育成し、後進の指導にあたらせることが重要になってくるだろう。薬剤師側も、薬剤師過剰時代に向けて差別化が求められており、高いスキルを身につけることができる薬局に魅力を感じるのではないだろうか。

### (2) ドラッグストアと登録販売者制度

　一般用医薬品の販売及び化粧品・日用品の販売を主とするドラッグストアは調剤業務が少ない傾向にある。そのため、薬剤師としての職能が発揮できない、あるいは技術が身につかないという問題がある。こうした理由から、志望者数が少なく、薬剤師の確保が難しいため慢性的な薬剤師不足に陥っていた。

　また、医療費の高騰に伴い、保険料の負担率が変更されたことで、セルフメディケーションの志向が高まった。こうした背景により、ドラッグストアが注目されていたものの、薬剤師不足のため、深夜営業や新規出店が困難になっていた。

　2009(平成21)年6月1日に、改正薬事法が施行され、登録販売者制度[*1]がスタートし、薬剤師以外でも販売できる一般用医薬品の数が増加した。改正薬事法では、一般用医薬品をリスクに応じて3分類し、リスクの高い第1類は薬剤師による対面販売を義務づけ、第

---

[*1] 登録販売者制度:改正薬事法によって、一般用医薬品(OTC)をリスクの高い順に第1類、第2類、第3類に分け、第2類、第3類とリスクの少ない薬品については、登録販売者で販売することが可能となった。登録販売者とは、資質確認のための都道府県試験に合格し、登録を受けた専門家のことである。受験資格として、一般用医薬品の販売等に関する実務に従事(高校卒業、大学卒業で1年以上、中学卒業で4年以上)したことなどを求めている。

2類、第3類については登録販売者でも販売が可能となっている。

薬剤師不足に悩まされていたドラッグストアにとってはメリットが大きかったが、薬剤師以外でも販売できる一般用医薬品が多くなったことで、コンビニエンスストアやホームセンターなどの異業種参入が容易になり、競争が激化し始めている。これに対してドラッグストアは、利益率が高い調剤の業務を拡大しつつある。調剤をメインとする保険薬局にとっては、ますます競争が激化し、付加価値経営への転換がポイントになる。

## (3) 超高齢社会への対応

病診連携や病病連携は、病院経営者にとっては患者数の増加につながる重要な施策と位置づけられている。保険薬局でも同様に、病院や診療所との連携が重要である。

保険薬局は、患者が持参した医師からの処方せんに基づき調剤を行うが、顧客である患者は、病院や診療所からの流れで、保険薬局を選択する。本来、病院や診療所が特定の保険薬局を推奨することは禁止されているが、病院や診療所の職員に好印象を持ってもらうことは、地域の医療を共同で担う役割を果たすうえでも必要不可欠である。

医師は、保険薬局で処方された薬剤が確実に服用されているとの前提で診察や処方を行う。保険薬局は患者情報を医師にフィードバックする機能を発揮することで、医療機関との信頼関係を築くことが必要である。

保険薬局同士の連携も情報交換や教育研修など医療の質を高めるうえで重要である。

2012年度診療報酬改定では、特に在宅業務を実施している薬局に対して新規で評価がつけられた。今後増加する在宅の利用者に対して、在宅業務に十分に対応するためには、相応の体制整備が必要になるとして、在宅業務に十分に対応している薬局に一定以上の過去の業績も考慮した施設基準を新たに設けて、この基準を満たす薬局が在宅患者に対する調剤を行った場合、在宅患者調剤加算として処方せん受付1回につき15点が調剤料に加算されることになった。また、2018年度診療報酬改定では、かかりつけ薬剤師が機能を発揮し、地域包括ケアシステムのなかで地域医療に貢献することを評価する地域支援体制加算が新設された。保険薬局は、地域の医療機関と協働し、広範囲でのチーム医療と捉え、介護分野も視野に入れた地域医療のヘルスケアステーションとしての役割がますます期待されているのである。

## (4) 一般用医薬品のインターネット販売

2013年1月の最高裁判決により、事実上一般用医薬品のネット販売が可能となり、各企業が販売参入を発表しているところである。一般用医薬品は、適正な使用のために専門家(薬剤師や登録販売者)による情報提供によって販売されている。これまでは、主に対面での情報提供が行われてきたが、インターネットの普及により、ネット販売が解禁されることとなった。医療費削減の流れからセルフメディケーションが推進されていることを踏

まえると、今後は保険薬局においても一般用医薬品の商品購入ルートが変化する可能性もある。

たとえば、患者・消費者の間で薬剤師による販売が限定されている第1類の医薬品は薬局での対面での購入、予防的な医薬品はネットでの購入など機能に応じた選択行動が行われる可能性があり、薬局間での差別化だけでなく、ネット販売を行う薬局やその他の業種との差別化も求められるだろう。

一方で、インターネットによる一般用医薬品の販売は、患者・消費者にとって利便性の面で評価されているが、対面販売よりも薬品情報を正確に得られるのか、偽装薬品問題なども含めて不安の声もあり、安全性の面では課題が残されている。保険薬局は、適正な医薬品の提供という使命を果たしつつ、その対面販売による患者・消費者への薬品販売に対する価値を見直し、対面販売でのメリットを最大限に活かしたマネジメントが必要である。

## (5) 患者のための薬局ビジョン

### ①ビジョン策定の背景

厚生労働省は2015年に「患者のための薬局ビジョン」を公表した。同ビジョンは、患者本位の医薬分業の実現に向けて、かかりつけ薬剤師・薬局の今後の姿を明らかにし、団塊の世代が後期高齢者(75歳以上)になる2025年、さらにはその10年後の2035年に向けて中長期的な視野に立ち、薬局をかかりつけ薬局に再編するためのロードマップである。

医薬分業の意義は、「薬局の薬剤師が患者の状態や服用薬を一元的・継続的に把握し、処方内容をチェックすることにより、複数の診療科受診による重複投与、相互作用の有無の確認、副作用や期待される効果の継続的確認など薬物療法の安全性や有効性が向上すること」である。医薬分業において薬局・薬剤師は一定の評価を得てきたものの、その一方で、求められている役割や機能を十分に発揮していないとする指摘があった。第1に、医療機関の周りに門前薬局が乱立し、患者の服薬情報の一元的な把握が必ずしもできておらず、患者中心の医薬分業になっていないこと、第2に、医薬分業の推進のため、患者の負担が多くなっているにもかかわらず、負担増に見合うサービス向上や分業効果などを実感できていないことである。こうした状況を踏まえ、医薬分業の原点に立ち返り、薬局を患者中心の「かかりつけ薬局」に再編するため、「患者のための薬局ビジョン」が策定された。

### ②かかりつけ薬剤師・薬局と健康サポート薬局

同ビジョンでは、かかりつけ薬剤師・薬局が果たすべき3つの機能と、健康サポート薬局の機能、高度薬学的管理機能を持つことを明記している。

かかりつけ薬剤師・薬局が持つ3つの機能とは、第1に、主治医との連携や患者との面談、お薬手帳の内容把握を通じて、患者がかかっているすべての医療機関や服薬情報を一元的・継続的に把握し、これらに基づいて薬学的管理・指導を行うこと、第2に開局時間外でも薬の副作用や飲み間違い、服用のタイミング等に関して随時電話相談を実施するな

ど24時間対応の実施、また地域包括ケアの一環として残薬管理等のため、在宅対応に積極的に関与すること、第3に医師の処方せん内容をチェックし、必要に応じて医師に対して疑義照会や処方提案を実施するなど医療機関等との連携を行うことである。

また、同ビジョンには、国民の病気の予防や健康サポートに貢献する機能を持った薬局を「健康サポート薬局」とすることも盛り込まれた。さらに、専門機関と連携し抗がん剤の副作用対応や抗HIV薬の選択を支援するなど高度な薬学的管理ニーズへの対応といった高度薬学的管理機能を持つことも明確化された。

すなわち、「門前」から「かかりつけ」、そして「地域へ」、薬局薬剤師が積極的に介入することが求められているのである。

**③かかりつけ薬剤師・薬局に関する診療報酬上の評価**

なお、2018年度診療報酬改定は、こうした機能や役割を明らかにし、取り組みを積極的に行う薬局を評価した内容になっている。主な評価項目及び内容は、かかりつけ薬剤師・薬局における保険薬剤師の在籍期間を長くするなど施設基準要件を見直し、要件を満たす薬局について診療報酬点数を引き上げ、かかりつけ薬剤師の評価を改定したこと、かかりつけ薬剤師が機能を発揮し、地域包括ケアシステムのなかで地域医療に貢献する薬局について、夜間や休日対応等の地域支援の実績等を評価した地域支援加算を新設したこと、薬剤費の削減に効果を促す効果として、患者の意向を踏まえ、患者が積極的に治療方針の決定に参加し、その決定に従って治療を受けることや副作用の可能性を検討したうえで、処方医に減薬の提案を行い、その結果、処方される内服薬が減少した場合を評価し、服用薬剤調整支援料が新設されたことである。

診療報酬で評価することによって、ますます患者のための薬局が浸透し、国民の健康に貢献する薬剤師・薬局像の実現に向けて、積極的に取り組むことが、保険薬局・薬剤師に求められている。

## 7 マーケティングの重要性

一般的に、調剤を主体とする保険薬局は、医療機関の門前に出店することが、成功の決め手となる。しかし、立地以外にも多くの要素がある。

地方都市の場合、患者はよほどのトラブルがない限り、最初に利用した保険薬局からほかの保険薬局に変更することはない。薬局の開設者や従業員が地域住民で、顧客とのコミュニケーションがとりやすく、接点が多いからだろう。したがって、患者獲得のためには医療機関の院外処方せん化のタイミングに合わせた開業が重要なポイントになる。

院外処方せん化のタイミングを逃した場合は、その土地の住民が、単身者が多いのか、家族で住んでいる住民が多いのか、年齢層は若い世帯なのかなどが重要なポイントとなる。なぜなら、高齢化が進んでいる土地では、既存薬局が固定客を多く抱え、新たに患者を獲

得することは難しいと考えたほうがよいからである。逆に単身世帯や若い世帯が多い土地では、患者の入れ替わりが期待できるため、開業のタイミングが遅くなったとしても立地条件のよさが有利に働く。

　開業時には、こうした開業予定地の人口動向、処方せんの院外化のタイミングなどについて、しっかりとしたマーケティング分析が必要である。今後も保険薬局の経営環境はますます厳しくなると予想される。徹底したマーケティング分析のうえ、差別化の一環として医療機関との連携を重視し、医療機関の医師や薬剤師に患者情報を共有するなど、顧客獲得のために付加価値をつける努力も必要である。

## 8　ケーススタディ

　開院と同時に外来処方せんの院外化を始めたある医療機関のケースをみてみよう。
　開院後しばらくたって、A病院では救急のニーズが高く、外来救急患者の調剤業務が薬剤部に重くのしかかってくるようになった。しかし、病院の開院に合わせて院外処方せんの発行を開始したため、薬剤師の定員も限られている。救急患者のなかには重症の患者も多く、入院患者の調剤を優先したいところだが、外来救急患者も放っておくわけにはいかない。そこで、院外の保険薬局の営業時間の延長を要請した。しかし、保険薬局は採算のとれる患者数に達しないうえに、いつくるかわからない救急患者に対して人員を配置しなければならないため、承諾しなかった。
　一方、院外処方せん化を遅らせたB病院は、院外処方せん化の条件の1つに、夜間の営業を織り込んだ。病院経営においては、外来処方せんを院外化することで多少薬価差益が落ち込むが、地域のパートナーとして夜間の調剤を保険薬局に任せ、薬剤部の人員調整や入院業務に専念することができる。
　A病院では夜間の救急患者の増加で、入院患者の対応がおろそかになっては本来の院外化のメリットが活かせないことから最終的には、夜間の営業日をあらかじめ決めるなど、条件つきでの承諾を得たものの、多くの交渉時間を要した。
　病院経営の立場から、院外処方せん化は外来調剤部門の外部委託と考え、院外処方せん化の前にあらかじめ条件を決めておくことが必要である。
　かかりつけ薬局を持つ患者のメリットと、病院経営に及ぼす影響とのバランスを考え、病院と保険薬局の本来の役割分担をもう一度振り返り、実践していくことが大切である。

## 1 健康診断とは

### (1)健診の目的

健康診断とは、「心身の異常にかかわらず、疾患の予防・早期発見のために医師が診断すること」(大辞林)であり、略称で「健診」と呼ばれる。また、「けんしん」には「健診」と「検診」が存在する。後者は、がん検診など疾病名称がついているものが多く、特定の疾患にかかっているかどうかを知るために検査・診断することが目的である。

本節では、前者の「健診」について説明する。

健診は、学校や職場、市町村で行われる法令により実施が義務づけられている法定健診と、受診者の意思で任意で行われる任意健診の2種類がある。法定健診は定期的な健康管理や公衆衛生、労働衛生の観点からのチェックが目的である。

2015(平成27)年12月1日より、ストレスチェック制度が始まった。2014(平成26)年6月25日に公布された改正労働安全衛生法に盛り込まれたもので、事業者が労働者に対して行う心理的な負担の程度を把握するための検査と面接指導の実施等が、企業に義務づけられた。常時50人以上の労働者を雇用する事業場で、医師、保健師等によるストレスチェックの実施が事業者に義務づけられた。50人未満の事業場は当分の間、努力義務になっている。

なお、ストレスチェックの結果、評価点数の合計が高い者などを高ストレス者として選定し、医師による面接指導が必要とされた者に対して、実施者が申出の勧奨を行うとともに、結果の通知を受けた労働者が相談しやすい環境をつくるため、保健師、看護師または心理職が相談対応を行う体制を整備することが望ましい。

一方、任意健診は全身の詳細な検査を行い、種々の疾患を早期に発見することが目的である（図2-32）。健診を受ける人の目的により、対象年齢、健診項目数などさまざまな健診がある（図2-33）。

## (2)さまざまな健診

　日本国民は、何らかの健診に一生かかわるといっても過言ではない。具体的には、乳幼児は母子保健法による乳幼児健診が市町村で行われ、学齢期には学校保健法による学校健康診断が市町村教育委員会や学校で行われる。また、健康増進法による住民健診が市町村で行われている。

　一方、サラリーマンなどの会社員とその家族を対象に、各医療保険法による保健事業の一環として保険者健診が行われる。また、労働安全衛生法による従業員の健康管理として、事業主健診やストレスチェックが行われている。

　2008(平成20)年4月から、生活習慣病に特化した特定健診(通称：メタボ健診)・特定保健指導が40〜74歳の被保険者・被扶養者を対象に義務化され、保険者(各医療保険者・市町村)により実施されている。

　また、75歳以上の高齢者を対象にした健診が、保険者(市町村)で行われている。その他、

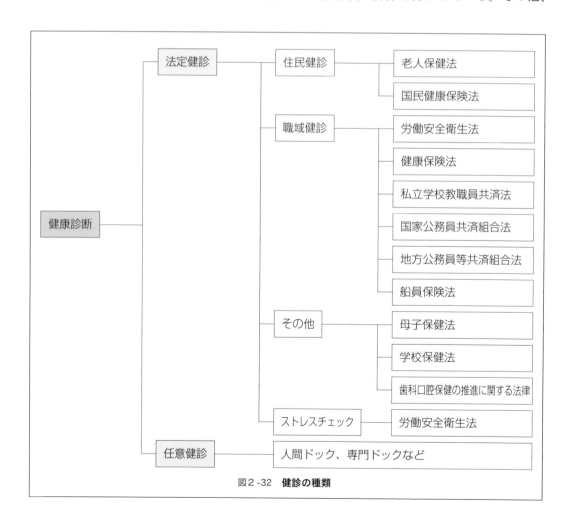

図2-32　健診の種類

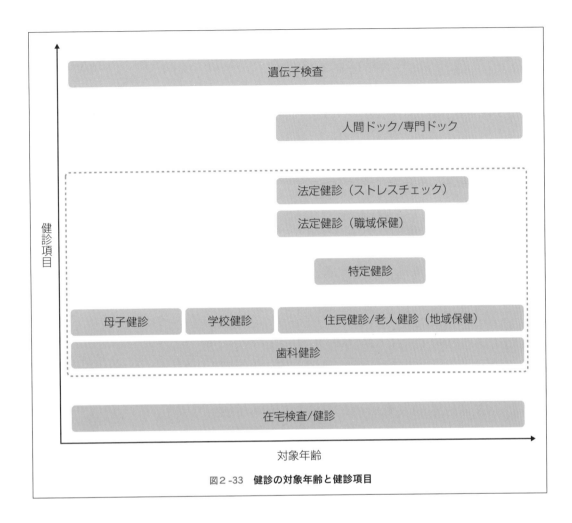

図2-33　健診の対象年齢と健診項目

市町村では介護保険法に基づく介護予防健診が65歳以上の介護保険第1号被保険者を対象に実施されている(表2-15)。

　各健診については、必須項目が定められており、その項目以外の実施は実施者の判断に委ねられている。また、労働安全衛生法による健診は実施が義務づけられており、他の法律に基づく健診は努力義務になっている。

　このことから、国民は何らかの健診を毎年受診する機会があることがわかる。言い換えれば、毎年受診することができるように各制度で受診機会が与えられていることになる。

　2016(平成28)年9月16日の「第24回保険者による健診・保健指導等に関する検討会」では、2017(平成29)～2023年度までの特定健診実施率の全国目標は第2期特定健康診査等実施計画と同様の70%とする計画が示された。

　なお、特定健診・保健指導は、内臓脂肪の蓄積に起因する糖尿病等の発症・重症化の予防により医療費を適正化するため、保険者が共通で取り組む保健事業である。厚生労働省では、保険者機能の責任を明確にする観点から、全保険者の特定健診・保健指導の実施率

表2-15 法定健診の種類と根拠法

| | 健診名称 | 対象者 | 実施主体 | 根拠法 | 義務化 | 実施資格要件 |
|---|---|---|---|---|---|---|
| 老人保健事業 | 基本健康診査 | 40歳以上 | 市町村 | 高齢者の医療の確保に関する法律 第18条 | なし | 病院及び診療所並びに薬局、都道府県知事に届出たもの |
| | がん検診 | | | | | |
| 労働安全衛生対策 | 一般健康診断 | 雇用者 | 事業主 | 労働安全衛生法 第66条 | 義務 | 医師による健康診断 |
| | ストレスチェック制度 | 雇用者 | 事業主 | 労働安全衛生法 第66条10 | 義務（労働者50人以上） | 労働安全衛生法に準ずる |
| 組合管掌健康保険 | 一般健康診査 | 加入者（被保険者・被扶養者） | 医療保険者 | 健康保険法 第150条 | 努力義務 | 健康増進法に準ずる |
| 政府管掌健康保険 | 一般健診 | | | | | |
| 国民健康保険 | 基本健康診査、人間ドック | | | 国民健康保険法 第82条 | 努力義務 | 健康増進法に準ずる |
| 学校保健 | 就学時の健康診断 | 就学前 | 市町村の教育委員会 | 学校保健法 第4条 | 義務 | 健康増進法に準ずる |
| | 児童、生徒、学生及び幼児の健康診断 | 児童、生徒、学生または幼児 | 学校 | 学校保健法 第6条 | 義務 | 健康増進法に準ずる |
| | 職員の健康診断 | 学校の職員 | 学校の施設者 | 学校保健法 第8条 | 義務 | 健康増進法に準ずる |
| 母子保健 | 1歳6か月児健康診査 | 満1歳6か月を超え満2歳に達しない幼児 | 市町村 | 母子保健法 第12条 | 義務 | 健康増進法に準ずる |
| | 3歳児健康診査 | 満3歳を超え満4歳に達しない幼児 | | | | |
| 歯科口腔保健 | 歯科健診 | 全国民 | 国、地方公共団体 | 歯科口腔保健の推進に関する法律 第8条、9条 | 努力義務 | ― |

を2017年度実施分から公表し、実施状況によりインセンティブを付与する。受診率向上などの検討も行われており、今後もさらに重点化されることが想定できる。

## 2 法定健診と任意健診

### (1) 法定健診

　法定健診は根拠となる各法律により、健診実施機関が定義されており、保健所、市町村の保健センターと医療機関がある。

　市町村が実施する健診については、保健所や市町村の保健センターで行う場合が多い。保険者、もしくは事業主の健診については、自前の健診機関、医療機関、健診センターで実施している場合がある。ストレスチェックは、厚生労働大臣が定める研修の科目、時間を修了した看護師、精神保健福祉士等が所属する外部機関などで実施している。なお、任意健診は医療機関、健診センター、アンチエイジングを実施する施設などで行われている。

### (2) 任意健診

　任意健診で最も馴染みがある「人間ドック」は、短期入院型、もしくは日帰りの精密身体検査を意味する。ドックという言葉は、次の航海で事故が起こらないよう、完全な点検・修理をするために入る、船の修理や建造用の施設「Dock(ドック)」に由来する。

　任意健診を行っている医療機関では、人間ドックを実施していることが多い。他に、脳などの特定領域や、PET (Positron Emission Tomography) などの特定機器による検査など、幅広いサービスが用意されている。特に高齢者の発症確率が高い認知症に特化した認知症ドックでは、心理学的検査(認知力・記憶力)やMRI検査により、軽度認知障害(MCI)の早期発見やアルツハイマーなどの罹患状況を検査する。日々新発見される遺伝子の情報をもとに行う遺伝子検査では、血液や唾液を採取し、遺伝子の持つ情報を解析することで、生まれ持った病気のなりやすさや体質などを知ることができる。さらに、美容分野ではアンチエイジングドック、精神分野ではメンタルドックなども行われている。

　こうした検査は受診者の意思で行われるため、保険適応外の自由診療に該当する。アメニティを充実させ、ホテルなどの施設と提携するケースもある。

　特定健診の義務化により健診が注目されるようになったことを受け、自宅で検体を自己採取し、郵送する郵送健診(在宅健診)や、駅や商店街などの簡易施設で採血を行い、結果を郵送や電子メールで受け取る簡易健診もある(表2-16)。

　最近では、PSA (Prostate Specific Antigen) 検査の導入により前立腺がんの発見率、乳房のエコー検査やマンモグラフィーといった画像検査により乳がんの発見率が高まっており、技術革新を背景に、発病リスクの高いハイリスクグループに有効な検査を行うことがトレンドになっている。具体的には、喫煙者に対する胸部CT検査の導入、胃がん検診としてピロリ菌抗体(HP)検査と血清ペプシノゲン(PG)法により胃内視鏡検査などを導入している施設の事例がある。

表2-16 任意健診の種類

| | 任意健診の一例 | 概要 |
|---|---|---|
| 総合領域 | 人間ドック | 自覚症状の有無に関係なく、定期的に医療機関で身体各部位の精密検査を受けて、普段気がつきにくい疾患や臓器の異常や健康度などを検査 |
| 特定領域 | 脳ドック | 脳血管がつまる脳梗塞や脳内出血、脳動脈瘤が破れるクモ膜下出血のような脳血管の病気や脳腫瘍、認知症などの発見の検査 |
| | 女性ドック | 女性特有の乳腺、子宮、卵巣を中心に検査 |
| 特定機器 | PETドック | 機能画像と形態画像による検査で、微細病変が発見でき、がんの早期発見・早期治療につながる検査 |
| 遺伝子 | 感染症の遺伝子検査 | 感染診断だけではなく、種や菌株の違いも鑑別ができる検査 |
| | 悪性腫瘍に関係した遺伝子検査 | がん細胞、白血病細胞の有無、採取した腫瘍組織のDNAの解析による悪性度の判断、遺伝性腫瘍の保因者かどうかを判断する検査 |
| | 遺伝病の遺伝子検査 | 遺伝病の発症に関係していると考えられる生殖細胞系列変異を同定するために行われる検査 |
| 美容 | アンチエイジングドック | 老化度を知るための、血管の動脈硬化、血液老化度、活性酸素・抗酸化力、ホルモンバランス、免疫バランスの検査 |
| 精神 | メンタルドック | 心の健康(状態)の検査 |

## 3 健診の現状

### (1)受診状況

　厚生労働省「平成27年度特定健康診査・特定保健指導の実施状況」によると、2015年度の特定健診の受診者は、2,706万人(実施率50.1％)となっている。2008(平成20)年度の制度導入当初は2,019万人(実施率38.9％)であったことを考えると、制度が定着し、受診促進がされているが、その一方で、目標である70％には届いていない。また、特定保健指導の実施率(2015年度)は17.5％にとどまっている。そのため、各自治体では、第3期特定健診・特定保健指導実施計画にて受診促進策の計画立案・実行を図る(図2-34)。

　任意健診については、経済状況に左右される傾向はあるが、近年の健康ブームを背景に、受診状況は向上している(図2-35)。

　特定健診による受診の増加と健康ブームによる予防の関心により、さらなる市場の拡大が予想できる。

出典：厚生労働省「第132回市町村職員を対象とするセミナー（2017年10月19日）」資料をもとに作成

図2-34　特定健診受診者数と実施率の推移

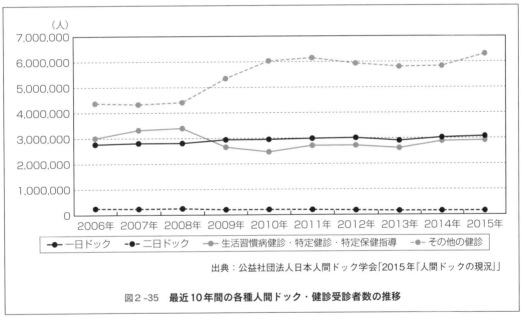

出典：公益社団法人日本人間ドック学会「2015年『人間ドックの現況』」

図2-35　最近10年間の各種人間ドック・健診受診者数の推移

## (2) 健診の市場

　矢野経済研究所が2016年に公表した調査によると、2015年度の健診・人間ドック市場（受診金額ベース）は9,040億円の見込みであった。同調査では2016年度は前年度比100.7％の9,100億円へ、それ以降も受診者数は増加するが健診単価は低迷し、ほぼ横ばいで推移すると予測している。

　一方、受診者のニーズに応える豊富なオプション検査により他との差別化を図る施設が増えている。健診施設向けのアンケート調査結果によると、標準検査以外のオプション検査として実施している項目は、「骨／骨密度検査」(69.0％)がもっとも多く、次いで「PSA

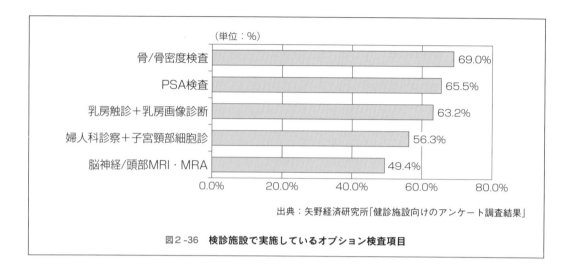

図2-36　検診施設で実施しているオプション検査項目

検査」(65.5%)、「乳房触診＋乳房画像診断」(63.2%)、「婦人科診察＋子宮頸部細胞診」(56.3%)の順となっている(図2-36)。

## 4　医療機関における健診事業

　従来は、高度医療機器を保有している医療機関が健診事業を行うことが多かったが、特定健診の開始に伴い、診療所をはじめ多くの医療機関で関連の健診を実施するようになってきた。特定健診の受診者は概ね健常者であるため、患者と使用する施設や動線を分けるように配慮されることが多い。独立した建物やフロアで行う機関と健診機能を有する機関を合わせると、健診機関全体の約3分の2を占める(図2-37)。
　医療機関で保有している医療機器などの有効活用の観点からも、健診は医療機関において実施しやすい事業の1つである。さらに、健診事業の延長として、特定保健指導などの生活習慣に関する栄養指導・運動指導を実施している医療機関や、健診データを有効活用し、受診者の健康管理や健康増進事業と併せて実施している医療機関もある。
　また、都心など高額所得者が多い地域では、人間ドックと定期的なカウンセリングを併せたサービスを実施したり、ブライダルチェック(将来、妊娠・出産を考えている方に向けた婦人科健診)等のライフステージに合わせた健診メニューをもとに、新規顧客獲得に努め、一般消費財と同様のマーケティング手法による展開を行っている医療機関もある。

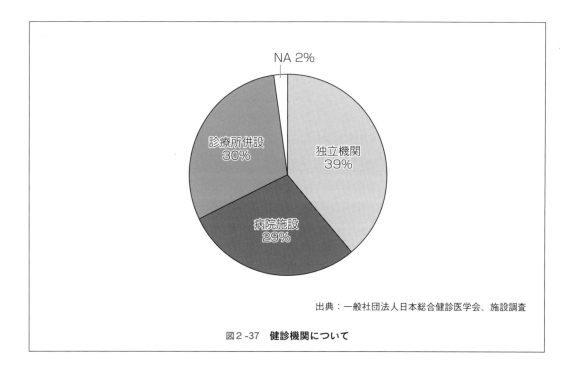

出典：一般社団法人日本総合健診医学会、施設調査

図2-37　健診機関について

## 5　進化する健診事業

　人間ドックなどの任意健診を楽しく受診するために、レジャーと組み合わせて行う人間ドックツアーがある。その内容は、リゾート地で健診を受け、翌日はゴルフやスパなどのレジャーを楽しみ、検査結果を出発までに受け取る。また都心では、ホテルとの提携による任意健診もあり、食事をホテルでとり、宿泊やホテル内施設でリラックスするパッケージもある。任意健診においては、アメニティが重視されることから、ホテルや近隣のレストランと共同で行うケースが多い。また、フィットネスによる体力検査や美容サロンによるアンチエイジング、肌診断など、広範な健診を行っている医療機関もある。

　最先端の医療技術を用いた検査も注目されている。遺伝子検査では白血病、固形腫瘍の遺伝子レベルの病型診断や遺伝病の確定診断など、従来の臨床検査では得られなかった有用な情報を得られることがある。

## 6　健診事業を取り巻く環境変化

　特定健診、ストレスチェックの開始により、予防や未病に世間の注目が集まっている。健診や保健指導のサービスを提供する医療機関は当然だが、企業や保険者においても環境は変わりつつある。

　企業においては、2014年から始まった「国民の健康寿命の延伸」に対する取り組みの１

つとして、経済産業省と東京証券取引所が共同で「健康経営」の推進を図っている。健康経営とは、従業員等の健康管理を経営的な視点で考え、戦略的に実践することである。これは、企業理念に基づき、従業員等への健康投資を行うことは、従業員の活力向上や生産性の向上等の組織の活性化をもたらし、結果的に業績向上や企業価値向上につながるという考え方に基づいている。

一方、会社員が加入している健康保険組合などの医療保険者は、特定健診・特定保健指導の実施状況により後期高齢者支援金の加減算の指標（インセンティブ）となるため健診を推進しているが、保険者のみではガバナンスが効かない点もあり、停滞気味であった。そこで、厚生労働省を中心に、企業と保険者などが連携して従業員の健康増進に向けた取り組みを効果的に行う「コラボヘルス」を推奨している。

このように、「健康経営」「コラボヘルス」の両面からの働きかけにより、今後も健診関連事業の需要は伸び続けると推測できる。

# 確認問題

**問題1** 医薬品の臨床試験や安全情報の収集について、以下の選択肢のうち誤っているものを1つ選べ。

[選択肢]

①医薬品の開発では、第1相から第3相の臨床試験(治験)を通して、医薬品として承認されるに資するデータを収集する。

②CRC (Clinical Research Coordinator) は、治験医師の手助けや患者への対応など、治験業務全般をサポートする。

③SMO (Site Management Organization) とは、治験施設支援機関のことであり、治験事務局の代行等を行う。

④市販直後調査の対象となった新薬は、販売開始後3か月間にわたり安全性の情報収集を行う必要がある。

⑤PMS (Post Marketing Surveillance) とは、新薬の市販後調査のことであり、製薬会社は医療機関と契約を結び、新薬の安全性情報を収集する。

# 確認問題

**解答 1** ④

**解説 1**

① ○：選択肢のとおり。
② ○：選択肢のとおり。
③ ○：選択肢のとおり。
④ ×：市販直後調査の期間は販売開始後6か月間である。新薬が納入された医療機関へ前半期間（2か月間）は2週間に1度、その後は1か月に1度、安全性の情報を収集するよう義務づけられている。
⑤ ○：選択肢のとおり。

# 確認問題

**問題2** （ア）～（オ）のうち、国際分類がクラスⅢである医療機器について、以下の選択肢のうち正しい組み合わせのものを1つ選べ。

(ア) X線フィルム
(イ) 人工呼吸器
(ウ) MRI装置
(エ) 透析器
(オ) ペースメーカ

[選択肢]

① (ア)(ウ)

② (イ)(エ)

③ (イ)(エ)(オ)

④ (ウ)(エ)(オ)

⑤ (ウ)(オ)

# 確認問題

**解答 2** ②

**解説 2**

　（ア）はクラスⅠ、（イ）はクラスⅢ、（ウ）はクラスⅡ、（エ）はクラスⅢ、（オ）はクラスⅣである。医療機器のリスクに応じた4つのクラス分類は、日米欧豪加の5地域が参加する医療機器規制国際整合化会合（GHTF）において、2003（平成15）年12月に合意された。医薬品医療機器等法における分類では、クラスⅠは一般医療機器、クラスⅡは管理医療機器、クラスⅢおよびⅣは高度管理医療機器に該当する。

# 確認問題

## 問題 3
SPDについて、以下の選択肢のうち正しいものを1つ選べ。

[選択肢]

①SPDは「Supply Processing and Distribution」の略称であり、「病院における物品・物流管理」を意味し、その定義は医療法によって厳密に定められている。

②医薬品卸を営む企業には再編統合の傾向はみられず、地場の卸ばかりが御用聞きとして台頭している。

③MSは医薬品卸の営業担当職であり、医療機関から注文を受けたり、副作用情報を製薬企業とは異なる立場から提供しており、配送を担当することはない。

④SPDの代表的な方法として、SPD事業者に対して業務の対価として委託料金を支払う売買差益還元方式とSPD事業者より物品を購入することでSPD事業者が業務対価をメーカー・ディーラーとの差益に依存する業務委託方式がある。

⑤SPDは病院の考える戦略によってさまざまな方式が採用可能であるが、院内で実施するよりもコスト削減になることが期待される。

# 確認問題

**解答 3** ⑤

**解説 3**

① ×：SPDには「設備」「購買」「物流」などさまざまな形態があり、医療法で厳密に定められたものではない。

② ×：医薬品卸に再編統合の波が押し寄せ、合従連衡（がっしょうれんこう）が進んでいる。ただし、地場の卸が活躍している場合もある。

③ ×：MSも配送を担当することがある。

④ ×：売買差益還元方式と業務委託方式の説明が反対である。

⑤ ○：選択肢のとおり。

# 確認問題

**問題 4** 保険薬局について、以下の選択肢のうち誤っているものを1つ選べ。

[選択肢]

①開設するためには、所在地の都道府県知事の許可が必要である。

②開設者が薬剤師でない場合、医療法の規定により、管理薬剤師の配置が義務づけられている。

③処方せんに記載された医薬品(処方薬)は、薬剤師の裁量により先発医薬品から後発医薬品へ変更(変更調剤)することができる。

④一般用医薬品(OTC)のうち第2類、第3類は、登録販売者が販売できる。

⑤2018年度診療報酬改定では、患者の意向を踏まえ、処方医師に適正薬剤の提案を行った結果、内服薬の減少につながった場合を評価する「服用薬剤調整支援料」が新設された。

# 確認問題

 ②

①○：選択肢のとおり。医薬品医療機器等法で規定されている。

②×：医療法ではなく、医薬品医療機器等法である。

③○：選択肢のとおり。2012（平成24）年度診療報酬改定において、後発医薬品の使用を促進する観点から、変更調剤が可能となった。

④○：選択肢のとおり。2009（平成21）年の改正薬事法施行により登録販売者制度がスタートし、可能となった。

⑤○：選択肢のとおり。

# 第3章
## 医療関連産業とのかかわり方

1 外部委託と内部提供
2 取引業者の選定基準
3 医療関連産業とのかかわり方

#  外部委託と内部提供

## 1 外部委託と内部提供の意思決定と課題

　ここまで取り上げたとおり、医療機関が提供するサービスは内部提供も可能だが、効率化を求めて外部委託することも多い。
　本節では、外部委託と内部提供のどちらが医療機関にとって望ましいかを検討するために、外部委託の利点と欠点を挙げ、課題を明らかにする。

## 2 外部委託の利点と欠点

　まず業務を外部委託する利点は、効率化を促進できることである。一般的に、給食や検査などは大規模事業者が提供するサービスのほうが、規模の経済性が働き低コスト化を実現できる。また、外部委託すれば、受託業者が当該業務に関しては責任を持って管理してくれるので、概ね任せることができ、管理コストを低減できる。
　一方、欠点は医療機関から業務に関するノウハウが流出する危険性が出てくることである。貴重な無形資産を失う可能性があることを認識し、どこまでを外部委託するか、慎重に検討する必要がある。

## 3 外部委託の範囲の目安

　外部委託の範囲としては、図3-1に示すように、専門性と定型性（業務の反復・継続性の有無）の高低によって判断するのが適切である。
　①中核業務（一般的には経営企画や財務など）は、反復・継続的で、専門性が高い業務であり、職員を中心とした内部提供が望ましい。医療機関にとって核となる業務であり、内部でノウハウを蓄積していくことが求められる。
　②専門業務（一般的には経営コンサルティング、税務業務など）は、高い専門性が求められるものの、臨時の業務であり、適切な人材が職員にいない場合は、専門スキルを持った人材に短期間の契約で高付加価値を提供してもらうことが適している。
　③定型業務（一般的には院内物流、医療事務、患者給食など）は、反復・継続的で、専門

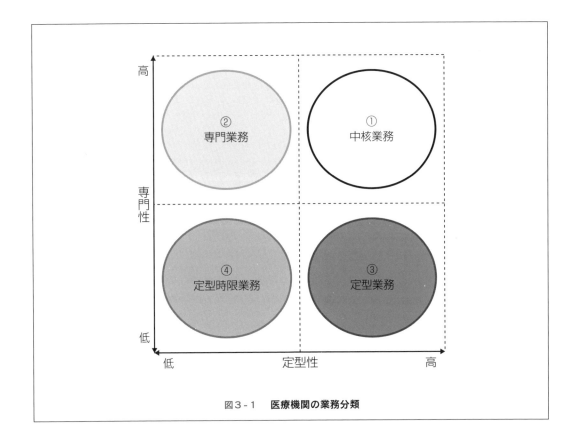

図3-1　医療機関の業務分類

性が低く、外部委託が適している。繰り返し行われる業務ではあるが、専門性は高くなく、高付加価値とは必ずしもいえないため、規模の経済性の働く外部の事業者に任せてしまったほうが効率的である。

④定型時限業務(一般的にはレセプトチェックなど)は、反復・継続性がなく、専門性も高くないので、外部委託あるいは派遣などでの対応が適している。

医療機関は、どの業務が自院に競争優位性をもたらすのかを議論し、どこまでを外部委託にするかを決定しなければならない。

## 2 取引業者の選定基準

### 1 取引業者選定の留意点

　経済状況が低迷するなか、成長産業とされる医療に着目し、さまざまな企業が進出している。多様な業界の視点が注ぎ込まれることは、医療にイノベーション（新機軸）をもたらす要因になり得るとの観点からは望ましいが、医療業界の細部まで精通していない業者が存在する可能性もあることから、取引業者の選定には慎重な判断が求められる。

　取引業者を、営業担当者との相性で決めてしまうことは少なくない。もちろん営業担当者との関係性がよいことは大切だが、転勤や異動の可能性もある。担当者の好き嫌いで判断するのではなく、より客観的な意思決定を行う必要がある。

### 2 取引業者選定の基本要素

　取引業者の選定基準としては、図3-2に示すように、経済性、安定性、信頼性、付加価値性、誠実性の5要素で決定することが望ましい。

　経済性とは、その業者を活用した際に、どのくらいコスト削減ができるかという視点である。外部委託は、規模の経済性によるコスト削減が目的の1つになる。しかし、当初は安価な提案だったとしても、次回の契約改定時には価格を変更してくる可能性も視野に入れなければならない。特に小規模な業者は、医療機関に入り込むために最初は低価格での提案を行い、次第に価格を引き上げる作戦をとるかもしれない。いったん取引を始めた業者を変更することは容易ではないため、このような条件を受け入れるしかない状況に追い込まれてしまうこともある。

　また、契約途中で取引業者が破綻してしまうようなことがあれば、サービスの提供が受

---

経済性×安定性×信頼性×付加価値性×誠実性

図3-2　取引業者選定の5要素

けられなくなるおそれがある。そこで、業者の経営的な安定性を考える必要が出てくる。安定的かつ継続的にサービス提供を行うためには、取引業者にも財務的な健全性を求める必要がある。

さらに、取引業者の製品やサービスは、当然のことながら信頼できる品質でなければならない。患者は、業者を介していようがいまいが、すべては医療機関から受けたサービスと考える。自院の信頼を失わないようにするためには、取引業者の品質管理などに対して、徹底的に注視することが求められる。

以上、経済性、安定性、信頼性の3点が取引業者選定の基本要素である。

## 3　重要な5要素のバランス

取引業者はさまざまな医療機関との取引を通じてノウハウを蓄積しているため、付加価値性を有する情報を保有していることが多い。そこで、収益増加策など医療機関経営に役立つ情報を提供してくれる取引業者を選ぶことも大切な視点となる。

最も重要であるにもかかわらず客観的な評価が難しいのが、取引業者の誠実性である。営業担当者が誠実だからといって、それが業者自体の姿勢であるとは限らない。しかし、狭い業界であるため、いろいろな風評が聞こえてくるだろう。風評が事実とは限らないが、可能な範囲で情報を精査していくことが大切である。

以上、取引業者を選定する5つの要素について紹介したが、注意したいことは、これらは足し算ではなく、掛け算で考えるということである。つまり、いずれかの要素がゼロであれば、結果はゼロになってしまうのだ。

安定的に質の高いサービスを提供してくれる中長期的なパートナー（取引業者）を選ぶためには、5つの視点のバランスを考えることも必要だ。図3-3のように、5つの視点を客観的に評価し、レーダーチャートに表し可視化することも有効である。

第3章 医療関連産業とのかかわり方

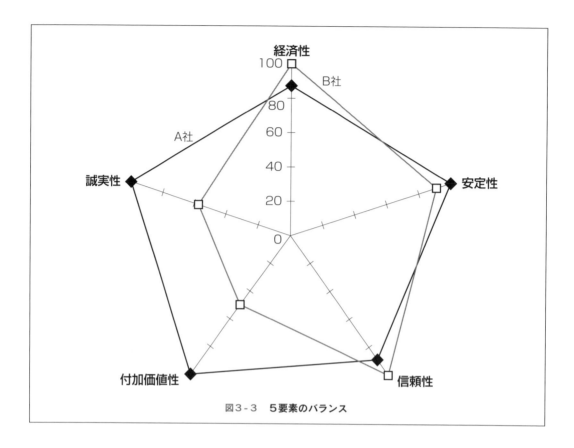

図3-3　5要素のバランス

## ③ 医療関連産業とのかかわり方

　医療サービスの中心には、医療機関の存在がある。しかし、その周辺には前述したさまざまなプレイヤー(取引業者)が存在し、患者のために働いている。

　医療機関と医療関連産業の間には、価格交渉などを巡り利害が相反するケースも少なくないが、最終的な目的は「患者が安心して命を預けられる医療を提供すること」、このただ1点だけである。それが医療機関に課せられた責務であり、それを支えるために医療関連産業も存在する。

　医療機関によっては、取引業者を下の立場にみていることがある。しかし、すべては患者のために存在するサービスであり、医療関連産業は不可欠なパートナーであることを十分に認識しなければならない。

　もはや、医療関連産業なくして、医療は成り立たなくなっている。かつてのような右肩上がりの診療報酬が期待できない今、異なる視点とノウハウを持つ医療関連産業と協業し、新たなイノベーションの風を医療業界に吹かせることが急務である。

**参考文献**

### 2章1節

「第20回医療経済実態調査の報告(平成27年実施)」、厚生労働省、2015年
http://www.mhlw.go.jp/bunya/iryouhoken/database/zenpan/jittaityousa/20_houkoku.html

「市販直後調査に関する情報」、独立行政法人医薬品医療機器総合機構
http://www.pmda.go.jp/review-services/drug-reviews/review-information/p-drugs/0006.html

「新薬・治験情報」、日本製薬工業協会
http://www.jpma.or.jp/medicine/shinyaku/

「SMOの役割と主な業務」、日本SMO協会
http://www.jasmo.org/ja/business/outline/index.html

「ジェネリック医薬品への疑問に答えます〜ジェネリック医薬品Q&A〜」、厚生労働省、2012年
http://www.mhlw.go.jp/stf/houdou/2r98520000026nso.html

「薬事法等の一部を改正する法律について」、厚生労働省
http://www.mhlw.go.jp/stf/seisakunitsuite/bunya/0000045726.html

### 2章2節

「平成26年医療施設(静態・動態)調査・病院報告」、厚生労働省、2014年
http://www.mhlw.go.jp/toukei/saikin/hw/iryosd/14/

「Health Statistics 2017」、OECD、2017年
http://www.oecd.org/els/health-systems/health-data.htm

独立行政法人医薬品医療機器総合機構ホームページ
https://www.pmda.go.jp/

薬事医療法制研究会編、『早わかり改正薬事法のポイント』、じほう、2014年

## 2章4節

「欧米調査(米国班)概要報告書」、厚生労働省、2008年
http://www.mhlw.go.jp/bunya/iryou/shinkou/other/2008/dl/080710-1b.pdf

「医療用医薬品の流通実態に関する調査報告書」、公正取引委員会、2006年
http://www.jftc.go.jp/houdou/pressrelease/cyosa/cyosa-ryutsu/h18/06092702.files/06092702-hontai.pdf

神取道宏著、「政府調達の『競り下げ』導入効果の見極め 慎重に」、日本経済新聞、2010年

## 2章6節

「JIA顧客満足度調査レポート」、日本建築家協会・JIA、1999年

「民間工事における発注方式の実態調査結果」、建設経済研究所、2002年
http://www.rice.or.jp/other_report/pdf/etc/minkankouji.pdf

「CM方式活用ガイドライン―日本型CM方式の導入に向けて」、国土交通省、2002年
http://www.mlit.go.jp/sogoseisaku/const/sinko/kikaku/cm/cmguide1.htm

岩堀幸司編著、『病院のブランディング』、ユーディ・シー、2009年

岩堀幸司編著、『生き残る病院建築のブランディング戦略』、近代建築社、2015年

月刊新医療「医療人のための病院建築入門」、エム・イー振興協、2007年5月～2018年5月

## 2章7節

日本メディカル給食協会　http://www.j-mk.or.jp/

医療サービス振興会　http://www.ikss.net/

医療関連サービスNAVI　http://www.medos-navi.or.jp/

木村憲洋、川越満著、『病院のしくみ』、日本実業出版社、2005年

## 2章9節

上村直樹、下平秀雄著、『薬局管理学』、じほう、2005年

「平成28年度医療費の動向」、厚生労働省、2017年
http://www.mhlw.go.jp/file/04-Houdouhappyou-12401000-Hokenkyoku-Soumuka/0000177607.pdf

「最近の調剤医療費(電算処理分)の動向の概要〜平成28年度版〜」、厚生労働省、2017年
http://www.mhlw.go.jp/topics/medias/year/16/gaiyou.html

「平成30年度診療報酬改定の概要(平成30年3月5日版)」、厚生労働省、2018年
http://www.mhlw.go.jp/file/06-Seisakujouhou-12400000-Hokenkyoku/0000197985.pdf

「平成30年度診療報酬改定の概要(調剤)(平成30年3月5日版)」、厚生労働省、2018年
http://www.mhlw.go.jp/file/06-Seisakujouhou-12400000-Hokenkyoku/0000197985.pdf

「最近の調剤医療費(電算処理分)の動向(平成29年12月号)」、厚生労働省、2018年
http://www.mhlw.go.jp/topics/medias/c-med/2017/12/

白神誠、亀井美和子、中村健著、「医療保険における調剤報酬の歴史的変換とその考察(第2報)―調剤報酬の改定に見る行政施策の検証―」、『薬史学雑誌第35巻第2号』、日本薬史学会、2000年

「医薬分業推進状況(保険調剤の動向)平成28年度」、日本薬剤師会、2017年
http://www.nichiyaku.or.jp/contents/bungyo/h28/s/28sukei.pdf

中澤圭子著、『100％医薬分業への課題』、薬事日報社、2005年

水口錠二著、『調剤薬局・開業成功マニュアル』、ぱる出版、2008年

「一般用医薬品のインターネット販売等の新たなルールに関する検討会 資料」、厚生労働省、2013年
http://www.mhlw.go.jp/stf/shingi/2r98520000032rnf.html

「患者のための薬局ビジョン 概要」、厚生労働省、2015年
http://www.mhlw.go.jp/file/04-Houdouhappyou-11121000-Iyakushokuhinkyoku-Soumuka/gaiyou_1.pdf

「患者のための薬局ビジョン〜「門前」から「かかりつけ」、そして「地域」へ」、厚生労働省、2015年
http://www.mhlw.go.jp/file/04-Houdouhappyou-11121000-Iyakushokuhinkyoku-Soumuka/vision_1.pdf

「患者のための薬局ビジョン 参考資料」、厚生労働省、2015年
http://www.mhlw.go.jp/file/04-Houdouhappyou-11121000-Iyakushokuhinkyoku-Soumuka/sankou.pdf

「『かかりつけ薬剤師・薬局機能調査・検討事業』かかりつけ薬剤師・薬局に関する調査 報告書(平成30年3月)」、厚生労働省、2018年
http://www.mhlw.go.jp/file/06-Seisakujouhou-11120000-Iyakushokuhinkyoku/H29tyousahoukokusyo.pdf

# 索 引

## [A]
AI ································ 51

## [C]
CM ···························· 55, 66
CMR ··························· 55, 66
CRC ······························ 20
CT ······························· 24

## [D]
DICOM ···························· 49
DS ······························· 36

## [G]
GHTF ····························· 27
GPO ······························ 41

## [H]
HACCP ··························· 80
HIS ······························ 44
HL 7 ····························· 50

## [I]
ICD-11 ···························· 50
IHE ······························ 50
IoT ······························ 51
IRB ······························ 20

## [J]
JAAME ··························· 29

## [L]
LCC ······························ 54

## [M]
MR ······························· 18
MRI ······························ 24
MS ······························· 36

## [N]
NST ······························ 81

## [O]
OTC ······························ 94

## [P]
PET ······························ 24
PFI ······························ 64
PM ······························· 66
PMDA ···························· 29
PMS ······························ 20

## [R]
RCB ······························ 29
RI ······························· 24

## [S]
SCM ······························ 43
SMO ······························ 20
SPC ······························ 85
SPD ······························ 36
SPECT ··························· 24

# 索引

## [い]

- 一括発注方式 ……………………… 65
- 一般医療機器 ……………………… 28
- 一般名処方 ………………………… 21
- 一般用医薬品 ……………………… 94
- 一般用医薬品のインターネット販売 …… 95
- 医薬情報担当者 …………………… 18
- 医薬品医療機器総合機構 ………… 28
- 医薬品、医療機器等の品質、有効性及び安全性の確保等に関する法律 …… 19, 32
- 医薬品医療機器等法 ………… 32, 86
- 医薬品卸 …………………………… 36
- 医薬分業 …………………………… 87
- 医療・介護関係事業者における個人情報の適切な取扱いのためのガイダンス … 47
- 医療関連サービス振興会 ………… 14
- 医療関連サービスマーク制度 …… 14
- 医療機関債 ………………………… 85
- 医療機器 …………………… 23, 27
- 医療機器規制国際整合化会議 …… 27
- 医療機器センター ………………… 29
- 医療機器の規制手続き …………… 31
- 医療機器の修理区分 ……………… 29
- 医療機器の製造販売承認申請の区分 … 29
- 医療機器の保守・修理体制 ……… 30
- 医療機器の保守点検 …………… 7, 11
- 医療情報システムの安全管理に関するガイドライン …………………… 47
- 医療用ガス供給設備の保守点検 … 7, 12
- 院外薬局化 ………………………… 87
- 院内清掃 ………………………… 7, 13

## [え]

- 栄養サポートチーム ……………… 81

## [か]

- 介護予防健診 …………………… 101
- 開発（申請）ラグ ………………… 32
- 外部委託 ……………………… 5, 118
- 改良医療機器 ……………………… 29
- かかりつけ薬剤師・薬局 ………… 96
- 学校健康診断 …………………… 100
- 簡易健診 ………………………… 103
- 患者給食 …………………………… 76
- 患者等給食 ……………………… 7, 8
- 患者のための薬局ビジョン ……… 96
- 患者搬送 ………………………… 7, 11
- 間接金融 …………………………… 83
- 監理 ………………………………… 62
- 管理医療機器 ……………………… 28
- 管理薬剤師 ………………………… 88

## [き]

- 疑義照会 …………………………… 89
- 基準薬局 …………………………… 86
- 既承認医療機器 …………………… 29
- 基本設計 …………………………… 59
- 共同購入 …………………………… 39
- 緊急安全性情報 …………………… 19
- 緊急安全性速報 …………………… 19

## [く]

- クラウド・コンピューティング …… 46
- クリニカル・リサーチ・コーディネーター ……………………………… 20

## [け]

- 経験曲線 …………………………… 5
- 健康経営 ………………………… 108
- 健康サポート薬局 ………………… 97

健康診断・・・・・・・・・・・・・・・・・・・・・・・・・・・99
健康増進法・・・・・・・・・・・・・・・・・・・・・・・・100
健診・・・・・・・・・・・・・・・・・・・・・・・・・・・・・・・99
検診・・・・・・・・・・・・・・・・・・・・・・・・・・・・・・・99
検体検査・・・・・・・・・・・・・・・・・・・・・・・・・・・・7

## [こ]

厚生労働省標準規格・・・・・・・・・・・・・・・50
高度管理医療機器・・・・・・・・・・・・・・・・・28
後発医薬品・・・・・・・・・・・・・・・・・・21, 91
後発医療機器・・・・・・・・・・・・・・・・・・・・・29
コールセンター・・・・・・・・・・・・・・・・・・・19
個人情報保護法・・・・・・・・・・・・・・・・・・・45
コストオン発注方式・・・・・・・・・・・・・・・65
コストコントロール・・・・・・・・・・・・・・・63
コラボヘルス・・・・・・・・・・・・・・・・・・・・108

## [さ]

材料価格基準・・・・・・・・・・・・・・・・・・・・・30

## [し]

資金調達・・・・・・・・・・・・・・・・・・・・・・・・・83
資産の流動化・・・・・・・・・・・・・・・・・・・・・85
システムベンダー・・・・・・・・・・・・・・・・・46
実施設計・・・・・・・・・・・・・・・・・・・・・・・・・61
市販後調査・・・・・・・・・・・・・・・・・・・・・・・20
市販直後調査・・・・・・・・・・・・・・・・・・・・・19
住民健診・・・・・・・・・・・・・・・・・・・・・・・・100
処方せん監査・・・・・・・・・・・・・・・・・・・・・88
新医療機器・・・・・・・・・・・・・・・・・・・・・・・29
寝具類洗濯・・・・・・・・・・・・・・・・・・・・7, 13
人工知能・・・・・・・・・・・・・・・・・・・・・・・・・51
審査ラグ・・・・・・・・・・・・・・・・・・・・・・・・・32
診療報酬債権・・・・・・・・・・・・・・・・・・・・・85

## [す]

ストレスチェック制度・・・・・・・・・・・・・99

## [せ]

製薬会社・・・・・・・・・・・・・・・・・・・・・・・・・18
セキュリティ・・・・・・・・・・・・・・・・・・・・・46
セキュリティポリシー・・・・・・・・・・・・・49
設置管理医療機器・・・・・・・・・・・・・・・・・28
セルフメディケーション・・・・・・・・・・・94

## [た]

第三者登録認証機関・・・・・・・・・・・・・・・29
代理貸付・・・・・・・・・・・・・・・・・・・・・・・・・83

## [ち]

治験施設支援機関・・・・・・・・・・・・・・・・・20
治験審査委員会・・・・・・・・・・・・・・・・・・・20
調剤医療費・・・・・・・・・・・・・・・・・・・・・・・91
調剤報酬・・・・・・・・・・・・・・・・・・・・・・・・・90
調剤薬局型・・・・・・・・・・・・・・・・・・・・・・・88
直接貸付・・・・・・・・・・・・・・・・・・・・・・・・・83
直接金融・・・・・・・・・・・・・・・・・・・・・・・・・83

## [て]

デザインビルド方式・・・・・・・・・・・・・・・66
デバイスラグ・・・・・・・・・・・・・・・・・・・・・32
電子カルテシステム・・・・・・・・・・・・・・・49
電子保存の3基準・・・・・・・・・・・・・・・・・47

## [と]

登録販売者制度・・・・・・・・・・・・・・・・・・・94
特定健診・・・・・・・・・・・・・・・・・・・・・・・・100
特定保健指導・・・・・・・・・・・・・・・・・・・・100
特定保守管理医療機器・・・・・・・・・・・・・28
特別目的会社・・・・・・・・・・・・・・・・・・・・・85

# 索引

ドラッグストア型·················88
取引業者選定の5要素·············120

## [な]

内外価格差······················34

## [に]

二段階発注方式··················66
日本メディカル給食協会········76, 78
入院患者の食事内容満足度の推移·····77
入院時食事療養費················80
乳幼児健診····················100
任意健診···················99, 103
任意健診の種類·················104
人間ドック····················103

## [は]

パッケージシステム···············46

## [ひ]

病院建築·······················54
病院情報システム·················44
標準化·························49

## [ふ]

福祉医療機構····················83
服薬指導·······················89
分離発注方式····················65

## [ほ]

法定健診···················99, 103
法定健診の種類·················102
保険者健診····················100
保険薬局·······················86

## [ま]

マイナンバー····················49
マルチベンダー··················47

## [め]

滅菌消毒······················7, 8

## [や]

薬学管理料·····················90
薬剤師の配置基準················88
薬歴···························89
薬価差益·······················86
薬局の開設·····················86
薬局の開設者···················86

## [ゆ]

郵送健診······················103

## [ら]

ライフサイクルコスト··············54

## [り]

リース·························84
リバースオークション··············42
リプレース·····················52
臨床試験（治験）·················20

## [ろ]

労働安全衛生法··················99

## 著者紹介

**井上　貴裕**（いのうえ・たかひろ）
（監修、第1章、第2章3節、第3章）
千葉大学医学部附属病院　副病院長・病院経営管理学研究センター長
東京医科歯科大学大学院にて医学博士及び医療政策学修士、上智大学大学院経済学研究科及び明治大学大学院経営学研究科にて経営学修士を修得。東京医科歯科大学医学部附属病院病院長補佐・特任准教授を経て現職。日本赤十字社本社医療施設教育研修アドバイザー、東邦大学医学部医学科客員教授。
武蔵野赤十字病院、諏訪赤十字病院、名古屋第一赤十字病院、名古屋第二赤十字病院、那須赤十字病院、山形県立中央病院、君津中央病院、浜松労災病院、高岡市民病院、中東遠総合医療センター、一宮市立市民病院、厚生連高岡病院、福井県立病院、北野病院、市立札幌病院等の地域中核病院において経営アドバイザーを務めている。

**桑原　比呂世**（くわばら・ひろよ）
（第2章1節）
東京医科歯科大学大学院・医療管理政策学コースを経て、2010年、同医歯学総合研究科博士課程修了。薬剤師。現在、製薬会社に勤務。

**澁谷　麻里香**（しぶや・まりか）
（第2章2節）
2000年、上智大学外国語学部卒業。2004年、パリ大学大学院経営学修士号（MBA）を取得。デロイトトーマツコンサルティング、米国系医療機器メーカーを経て、IoTベンチャーに在籍。

**宮地　義光**（みやち・よしみつ）
（第2章4節）
独立行政法人労働者健康安全機構　中国労災病院事務局次長
1996年、労働福祉事業団（現独立行政法人労働者健康安全機構）入職。2010年、東京医科歯科大学医歯学総合研究科医療管理学修士課程修了。

**成清　哲也**（なりきよ・てつや）
（第2章5節）
広島国際大学　医療経営学部医療経営学科教授
東京医科歯科大学大学院医歯総合研究科医療管理政策学修士課程修了。上級医療情報技師。

**岩堀　幸司**（いわほり・こうじ）
（第2章6節）
特定非営利法人医療施設近代化センター　常務理事、技術本部長／認定NPO法人健康都市活動支援機構理事
1975年、千葉大学大学院工学研究科修士課程修了。1975～2007年、株式会社日建設計。2004～2017年、東京医科歯科大学大学院非常勤講師。

**金野　綾子**（かねの・あやこ）
（第2章7節）
有限責任監査法人トーマツ　パブリックセクター・ヘルスケア事業部
2006年、大阪大学法学部卒業。一般企業を経て、2008年より現職。

**大久保　優**（おおくぼ・ゆう）
（第2章7節）
有限責任監査法人トーマツ　リスクアドバイザリー事業本部ヘルスケア
2006年、東京情報大学卒業。民間グループ中核病院での病院経営を経て、2016年より現職。

**小塚　正一**（こづか・しょういち）
（第2章8節）
株式会社メディヴァ　コンサルティング事業部コンサルタント
1998年、明治大学経営学部卒業。株式会社あさひ銀行（現りそな銀行）、みすず監査法人、有限責任監査法人トーマツを経て、2011年から現職。

## 著者紹介

**澤井　恭子**(さわい・きょうこ)
(第2章9節)
有限責任監査法人トーマツ　ヘルスケアグループマネジャー／薬剤師
製薬会社を経て、民間病院、自治体病院で薬剤師として従事。2007年、神戸大学大学院経営学研究科(MBA)修了。同年、トーマツコンサルティング株式会社(現デロイトトーマツコンサルティング)入社。2011年より現職。2016年、神戸大学大学院経営学研究科博士課程後期修了。博士(経営学)、経営学修士(MBA)。

**折本　敦子　グレイス**
(おりもと・あつこ・ぐれいす)
(第2章10節)
有限責任監査法人トーマツ　リスクアドバイザリー事業本部ヘルスケア　マネジャー
1997年、東海大学大学院工学研究科電気工学専攻修了。富士総合研究所(現みずほ情報総研)、デロイトトーマツコンサルティングなどを経て、現職。2012年、東京医科歯科大学大学院医歯学総合研究科医歯科学専攻修士課程医療管理政策学コース修了。

(掲載順)

---

『医療経営士テキストシリーズ』　総監修

**川渕　孝一**(かわぶち・こういち)
1959年生まれ。1983年、一橋大学商学部卒業後、民間病院・企業を経て、1987年、シカゴ大学経営大学院でMBA取得。国立医療・病院管理研究所、国立社会保障・人口問題研究所勤務、日本福祉大学経済学部教授、日医総研主席研究員、経済産業研究所ファカルティ・フェロー、スタンフォード大学客員研究員などを経て、現在、東京医科歯科大学大学院教授。主な研究テーマは医業経営、医療経済、医療政策など。『2040年の薬局』(薬事日報社)、『第六次医療法改正のポイントと対応戦略60』『病院の品格』(いずれも日本医療企画)、『医療再生は可能か』(筑摩書房)、『医療改革～痛みを感じない制度設計を～』(東洋経済新報社)など著書多数。

# MEMO

# MEMO

# MEMO

# 『医療経営士テキストシリーズ』

## 「医療経営士」が今、なぜ必要か？

マネジメントとは経営学で「個人が単独では成し得ない結果を達成するために他人の活動を調整する行動」と定義される。医療機関にマネジメントがないということは、「コンサートマスターのいないオーケストラ」、「参謀のいない軍隊」のようなものである。

わが国の医療機関は、収入の大半を保険診療で得ているため、経営層はどうしても「診療報酬をいかに算定するか」「制度改革の行方はどうなるのか」という面に関心が向いてしまう。これは"制度ビジネス"なので致し方ないが、現在、わが国の医療機関に求められているのは「医療の質の向上と効率化の同時達成」だ。この二律相反するテーマを解決するには、医療と経営の質の両面を理解した上で病院全体をマネジメントしていくことが求められる。

医療経営の分野においては近年、医療マーケティングやバランスト・スコアカード、リエンジニアリング、ペイ・フォー・パフォーマンスといった経営手法が脚光を浴びてきた。しかし、実際の現場に根づいているかといえば、必ずしもそうとは言えない。その大きな原因は、医療経営に携わる職員がマネジメントの基礎となる真の知識を持ち合わせていないことだ。

医療マネジメントは、実践科学である。しかし、その理論や手法に関する学問体系の整備は遅れていたため、医療関係者が実践に則した形で学ぶことができる環境がほとんどなかったのも事実である。

そこで、こうした医療マネジメントを実践的かつ体系的に学べるテキストブックとして期待されるのが、本『医療経営士テキストシリーズ』である。目指すは、医療経営に必要な知識を持ち、医療全体をマネジメントしていける「人財」の養成だ。

なお、本シリーズの特徴は、初級・中級・上級の3級編になっていること。初級編では、初学者に不可欠な医療制度や行政の仕組みから倫理まで一定の基礎を学ぶことができる。また、中級編では、医療マーケティングや経営戦略、組織改革、財務・会計、物品管理、医療IT、チーム力、リーダーシップなど、「ヒト・モノ・カネ・情報」の側面からマネジメントに必要な知識が整理できる。そして上級編では、各種マネジメントツールの活用から保険外事業まで医療機関のトップや経営参謀を務めるスタッフに必須となる事案を網羅している。段階を踏みながら、必要な知識を体系的に学べるように構成されている点がポイントだ。

テキストの編著は医療経営の第一線で活躍している精鋭の研究者や実務家である。そのため、内容はすべて実践に資するものになっている。医療マネジメントを体系的にマスターしていくために、初級編から入り、ステップアップしていただきたい。

医療マネジメントは知見が蓄積されていくにつれ、日々進歩していく科学であるため、テキストブックを利用した独学だけではすべてをフォローできない面もあるだろう。そのためテキストブックは改訂やラインアップを増やすなど、日々進化させていく予定だ。また、執筆者と履修者が集まって、双方向のコミュニケーションを行える検討会や研究会といった「場」を設置していくことも視野に入れている。

本シリーズが医療機関に勤務する事務職はもとより、医師や看護職、そして医療関連サービスの従事者に使っていただき、そこで得た知見を現場で実践していただければ幸いである。そうすることで一人でも多くの病院経営を担う「人財」が育ち、その結果、医療機関の経営の質、日本の医療全体の質が高まることを切に願っている。

『医療経営士テキストシリーズ』総監修
川渕　孝一

### ■初級テキストシリーズ（全8巻）

| 巻 | タイトル | 編著者代表 |
|---|---|---|
| 1 | 医療経営史──医療の起源から巨大病院の出現まで［第3版］ | 酒井シヅ（順天堂大学名誉教授・特任教授／元日本医史学会理事長） |
| 2 | 日本の医療政策と地域医療システム──医療制度の基礎知識と最新動向［第4版］ | 尾形裕也（九州大学名誉教授） |
| 3 | 日本の医療関連法規──その歴史と基礎知識［第4版］ | 平井謙二（医療経営コンサルタント） |
| 4 | 病院の仕組み／各種団体、学会の成り立ち──内部構造と外部環境の基礎知識［第3版］ | 木村憲洋（高崎健康福祉大学健康福祉学部医療情報学科准教授） |
| 5 | 診療科目の歴史と医療技術の進歩──医療の細分化による専門医の誕生、総合医・一般医の役割［第3版］ | 上林茂暢（龍谷大学社会学部地域福祉学科名誉教授） |
| 6 | 日本の医療関連サービス──病院を取り巻く医療産業の状況［第3版］ | 井上貴裕（千葉大学医学部附属病院副病院長・病院経営管理学研究センター長） |
| 7 | 患者と医療サービス──患者視点の医療とは［第3版］ | 深津博（愛知医科大学病院医療情報部特任教授／日本医療コンシェルジュ研究所理事長） |
| 8 | 医療倫理／臨床倫理──医療人としての基礎知識 | 箕岡真子（東京大学大学院医学系研究科医療倫理学分野客員研究員／箕岡医院院長） |

## ■中級テキストシリーズ（全19巻）

### 【一般講座】（全10巻）

| 巻 | タイトル | 編著者代表 |
|---|---|---|
| 1 | 医療経営概論―病院の経営に必要な基本要素とは | 吉長成恭（広島国際大学大学院医療経営学専攻教授） |
| 2 | 経営理念・ビジョン／経営戦略―経営戦略実行のための基本知識 | 鐘江康一郎（聖路加国際病院経営企画室） |
| 3 | 医療マーケティングと地域医療―患者を顧客としてとらえられるか | 真野俊樹（多摩大学統合リスクマネジメント研究所教授） |
| 4 | 医療ITシステム―診療情報の戦略的活用と地域包括ケアの推進 | 瀬戸僚馬（東京医療保健大学保健学部医療情報学科准教授） |
| 5 | 組織管理／組織改革―改革こそが経営だ！ | 冨田健司（同志社大学大学院商学研究科准教授） |
| 6 | 人的資材管理―ヒトは経営の根幹 | 米本倉基（岡崎女子短期大学教授） |
| 7 | 事務管理／物品管理―コスト意識を持っているか？ | 山本康弘（国際医療福祉大学医療福祉・マネジメント学科教授） |
| 8 | 財務会計／資金調達（1）財務会計 | 橋口徹（日本福祉大学福祉経営学部教授） |
| 9 | 財務会計／資金調達（2）資金調達 | 福永肇（藤田保健衛生大学医療科学部医療経営情報学科教授） |
| 10 | 医療法務／医療の安全管理―訴訟になる前に知っておくべきこと | 須田清（弁護士／大東文化大学法科大学院教授） |

### 【専門講座】（全9巻）

| 巻 | タイトル | 編著者代表 |
|---|---|---|
| 1 | 診療報酬制度と医業収益―病院機能別に考察する戦略的経営［第4版］ | 井上貴裕（千葉大学医学部附属病院副病院長・病院経営管理学研究センター長） |
| 2 | 広報・広告／ブランディング―集患力をアップさせるために | 石田章一（日本HIS研究センター代表理事／ビジョンヘルスケアズ代表） |
| 3 | 部門別管理―目標管理制度の導入と実践 | 西村周三（京都大学理事・副学長）、森田直行（京セラマネジメントコンサルティング代表取締役会長兼社長／前京セラ代表取締役副会長） |
| 4 | 医療・介護の連携―地域包括ケアと病院経営［第4版］ | 橋爪章（元保健医療経営大学学長） |
| 5 | 経営手法の進化と多様化―課題・問題解決力を身につけよう | 鐘江康一郎（聖路加国際病院経営企画室） |
| 6 | 創造するリーダーシップとチーム医療―医療イノベーションの創発 | 松下博宣（東京農工大学大学院技術経営研究科教授） |
| 7 | 業務改革―病院活性化のための効果的手法 | 白濱伸也（日本能率協会コンサルティング品質経営事業部シニア・コンサルタント） |
| 8 | チーム医療と現場力―強い組織と人材をつくる病院風土改革 | 白髪昌世（広島国際大学医療経営学部医療経営学科教授） |
| 9 | 医療サービスの多様化と実践―患者は何を求めているのか | 島田直樹（ピー・アンド・イー・ディレクションズ代表取締役） |

## ■上級テキストシリーズ（全13巻）

| 巻 | タイトル | 編著者代表 |
|---|---|---|
| 1 | 病院経営戦略論―経営手法の多様化と戦略実行にあたって | 尾形裕也（九州大学大学院医学研究院医療経営・管理学講座教授） |
| 2 | バランスト・スコアカード―その理論と実践 | 荒井耕（一橋大学大学院商学研究科管理会計分野准教授）、正木義博（社会福祉法人恩賜財団済生会横浜市東部病院長補佐） |
| 3 | クリニカルパス／地域医療連携―医療資源の有効活用による医療の質向上と効率化 | 濃沼信夫（東北大学大学院医学系研究科教授） |
| 4 | 医工連携―最新動向と将来展望 | 田中紘一（公益財団法人神戸国際医療交流財団理事長） |
| 5 | 医療ガバナンス―医療機関のガバナンス構築を目指して | 内田亨（西武文理大学サービス経営学部健康福祉マネジメント学科准教授） |
| 6 | 医療品質経営―患者中心医療の意義と方法論 | 飯塚悦功（東京大学大学院工学系研究科医療社会システム工学寄付講座特任教授）、水流聡子（東京大学大学院工学系研究科医療社会システム工学寄付講座特任教授） |
| 7 | 医療情報セキュリティマネジメントシステム（ISMS） | 紀ノ定保臣（岐阜大学大学院医学系研究科医療情報学分野教授） |
| 8 | 医療事故とクライシスマネジメント―基本概念の理解から危機的状況の打開まで | 安川文朗（熊本大学法学部公共社会政策論講座教授） |
| 9 | DPCによる戦略的病院経営―急性期病院経営に求められるDPC活用術 | 松田晋哉（産業医科大学医学部教授（領域公衆衛生学）） |
| 10 | 経営形態―その種類と選択術 | 羽生正宗（山口大学大学院経済学研究科教授／税理士） |
| 11 | 医療コミュニケーション―医療従事者と患者の信頼関係構築 | 荒木正見（九州大学哲学会会長、地域健康文化学研究所所長）、荒木登茂子（九州大学大学院医学研究院医療経営・管理学講座医療コミュニケーション学分野教授） |
| 12 | 保険外診療／附帯業務―自由診療と医療関連ビジネス | 浅野信久（大和証券キャピタル・マーケッツ コーポレートファイナンス第一部担当部長／東京大学大学院客員研究員） |
| 13 | 介護経営―介護事業成功への道しるべ | 小笠原浩一（東北福祉大学大学院総合福祉学研究科教授／ラウレア応用科学大学国際諮問委員・研究フェロー） |

※肩書きはテキスト執筆時のものです

医療経営士●初級テキスト6［第3版］
日本の医療関連サービス──病院を取り巻く医療産業の状況

2018年7月24日　第3版第1刷発行
2018年12月14日　第3版第2刷発行
編　　　著　井上　貴裕
発　行　人　林　　諄
発　行　所　株式会社 日本医療企画
　　　　　　〒101-0033　東京都千代田区神田岩本町4-14　神田平成ビル
　　　　　　TEL 03-3256-2861（代）　http://www.jmp.co.jp
　　　　　　「医療経営士」専用ページ　http://www.jmp.co.jp/mm/
印　刷　所　図書印刷 株式会社

©TAKAHIRO INOUE 2018, Printed in Japan
ISBN978-4-86439-682-0 C3034　　　　　定価は表紙に表示しています
※本書の全部または一部の複写・複製・転訳載等の一切を禁じます。これらの許諾については小社までご照会ください。